出世する伝え方

「選ばれる人」のコミュニケーションの極意

伊藤誠一郎
seiichiro ito

きずな出版

はじめに――

伝える力で、その他大勢から抜け出そう

「伝える力は単なる業務処理の道具ではなく、自分をアピールするための必須スキル」

これは、私が伝え方の指導をしているときにいつも考えていることであり、そして頻繁《ひんぱん》にアドバイスしていることです。

・上司に新しい企画を伝えて承認を得るとき
・部下に仕事の指示やアドバイスをするとき
・会議で業務報告や意見を述《の》べるとき
・取引先に商品のプレゼンをするとき

たとえばこれらのシチュエーションで、物事をわかりやすく伝え、そして相手の理解を得ることができれば、確実に成果を挙げることができ、自分に与えられた業務上の役割を果たすことができます。

しかし、それだけで終わってしまうのは、じつにもったいないことです。

もっと視点を変えて、伝える力の効果と威力を深く認識し、ほかの人がやっていないことを実行すれば、あなた自身を上のランクへ押し上げる、

「出世するための武器」

になりえるのです。

伝える力の持つ本来のパワーに多くの人が気づいていない、できていないからこそ、そこに目をつけることで、その他大勢の中から選ばれる人になることができます。

その具体的な方法と理由を、日常のビジネスシーンに合わせてくわしく解説するのが、

本書の目的です。

ビジネスパーソンの多くが、大なり小なり組織の中で仕事をしています。

そして、そのほとんどの人が自らを高め、成長し、ステップアップすることを目指しているはずです。そのために、社内外のさまざまな場面で成果を挙げ、実績と信頼を積み上げようと努力を続けていることでしょう。

ビジネスで成果を挙げるための手段として、伝える力やコミュニケーション力の重要性が長年にわたって叫ばれており、社内研修やセミナー、書籍やネット記事など、あらゆる手段でその秘訣が語られています。

しかし、そのほとんどが情報の集め方や資料の見せ方、あるいは話し方に関するものです。

今や情報はネットやシステムを叩けばいくらでも手に入りますから、誰がやっても差は生まれません。

たまたま拾ったテクニックで資料のグラフを強調しても、相手には必ず見抜かれます。

声や話し方を磨いたとしても、内容に魅力がなければ何の意味もありません。

つまり、誰もができる小手先での表面的な伝え方をしていては、もはやその他大勢の中から選ばれる人にはなれない時代なのです。

「伝えることは、考えること」
「伝えることは、自分自身の姿勢を示すこと」

これこそが伝える力の核心であり、自らを高め、成長し、ステップアップを目指すためには欠かすことのできない条件なのです。

今の時代だからこそ、多くのビジネスパーソンに、この点をもう一度見つめ直してほしいと思います。

私は現在、プレゼンテーション指導専門の講師として企業研修やセミナー講演活動をおこなう傍《かたわ》ら、東京は日本橋において、マンツーマンによるプレゼン個別指導塾を独自に運営しており、これまで多くの方に対してサポートをおこなってきました。

その中でも私が得意としているのが、社内の昇進試験のプレゼンです。

最近は、昇進試験にプレゼン発表を導入し、リーダー、管理職としての資質や自覚、可能性を、「伝える力」を通して測《はか》ろうという企業が増えています。

おかげさまで、これらの試験での私の塾の合格率は通算で9割、直近の1年間では10割、つまり全員合格を達成しています。

なかには直前まで上司からダメ出しの連発を食らい、「不合格確実」の烙印《らくいん》を押されながらも、見事に逆転昇進を達成した方も少なくありません。

では、なぜこのような結果が得られたのでしょうか。

それは、受講者の最後まであきらめない懸命な努力があったことはもちろんですが、それと同時に、単にプレゼンを成功させることを目指したのではなく、「出世に直結する伝え方」「選ばれる人になるための伝え方」を目指したからに、ほかならないのです。

本書は、こうした私のプレゼン指導における、問題点の分析と改善のための取り組みを背景に、**選ばれる人、任される人になるための一歩上を行く伝え方**をまとめました。

また、その伝え方は、何もパソコンとプロジェクターが設置された一対多数のいわゆる「プレゼン」の場だけに限りません。

上司や部下との日常的なコミュニケーションや会議、社外の取引先への説明など、一対一や一対少数の場面にも当てはまります。

いずれも多くの人が気づいていない、あるいは頭ではわかっていても実際にはできていないポイントばかりです。

ぜひ一人でも多くの方に、本書を活用することで、表面的なスキルやテクニックではない、真の伝え方を実践していただきたいと思います。

そして、一日でも早くその他大勢から抜け出し、一つでも上のポジションを勝ち取っていただけたら、著者としてこれ以上嬉しいことはありません。

目次

出世する伝え方――「選ばれる人」のコミュニケーションの極意

第1章

伝える力を高めれば「選ばれる人」になれる

第2章

「上司」に認められる人の伝え方

第3章

「部下」にも信頼される人の伝え方

第4章

「プレゼン」で頭ひとつ抜け出す人の伝え方

第5章

「資料」で説得できる人の伝え方

第6章

「会議」で一目置かれる人の伝え方

ブックデザイン　池上幸一
協力　大城太

出世する伝え方

――「選ばれる人」のコミュニケーションの極意

第1章

伝える力を高めれば「選ばれる人」になれる

伝える力は最強の武器である

「人に物事を伝えるときには、相手が知りたいことを、相手が理解できる言葉で伝えなければならない」

これは一般的によく言われている、伝え方の基本です。

表現を変えて「相手に伝えるのではなく、相手に〝伝わる〟ことを目指しましょう」などと言われることもあります。

つまり、物事を伝えるには自分目線ではなく、相手目線を重視すべきということで、最近は「共感」というキーワードも広く流通しています。もちろん大切なことであり、おそらく多くの人がすでに周知していて、日々実践していることと思います。

ただ、私はもっと自分のことも考えて伝えるべきと考えています。

それは別に一方的で独りよがりな伝え方をするというのではなく〝物事を伝えることは自分をアピールする絶好のチャンス〟と捉えるということです。

なぜなら、人に何かを伝えるためには、その裏側のプロセスでさまざまな力が必要になるからです。

・机上ではなく、実際の現場の隅々を知り尽くしている現場力
・多くの情報や意見を集めるための行動力
・情報や意見から、課題や改善策を導き出す分析力と提案力
・周囲の人を巻き込みながら遂行するチーム力
・すべてをまとめていく段取り力
・自分の考えに自信を持って、毅然《きぜん》と伝えきる宣言力

物事を伝える機会は、こうした実力をアピールすることができる絶好のチャンスなのです。ですから、**相手への配慮も大事ですが、同時に自分への意識もしっかり持つべき**です。

会議、企画発表、営業などで伝える役割を任されたとき、ほとんどの人は聴き手が多くなればなるほどプレッシャーを感じます。

部長、本部長、役員クラスと、出席者の役職が上がれば上がるほど、そのプレッシャーはさらに強くなります。

たとえば、新しい企画案について同じ部署の同僚10人に対して伝えるときと、部長や役員クラスを含め社内のさまざまな部署からの総勢３００人を相手に伝えるときとでは、どうでしょう。ましてや、そこに社長も出るとなったら「やばい」「怖い」「どうしよう」とうろたえる人も多いのではないでしょうか。

自分に近い人に対しては考えていることを率直に伝えられるのに、人数が多くなり、偉い人を前にすると、急激に萎縮してしまう人、当たり障りのない内容を耳触りいい言葉で、体裁よくまとめる人も少なくありません。

これはじつにもったいない話です。

より多くの人に、より役職が上の人に伝える機会は、自分の実力をアピールしてその他

大勢から抜け出すための絶好のチャンスです。萎縮してうろたえるのではなく、前向きに捉えることで、伝える力を出世するための武器にすることができます。

伝える役割の重要度が増せば増すほど「やった！」「よし、やってやるぞ！」と喜ぶぐらいでちょうどいいのです。

まずは、伝えることに対する意識の持ち方から変えてみましょう。

伝える場が自分アピールの晴れの舞台であることを認識しましょう。

いままでコツコツと真面目に培ってきた実力を惜しげもなく披露できるチャンスは、そう何度も訪れるとも限りません。

POINT

- 伝えるときは相手ではなく、あえて自分にフォーカスしよう
- 伝える場を与えられたら、声に出して「やった」と言おう
- 「伝える場＝晴れ舞台」と考えよう

伝える力でチャンスは呼び込める

仕事において、人生において、チャンスというものは大切です。

年長者から「誰にでも人生にはチャンスが3回訪れる」と言われた経験を持つ人も多いのではないでしょうか。人によっては「2回」という説もあるそうで、いずれにしても数自体は極めて少ないようです。

一般的には、「チャンスが訪れる」とか「チャンスに恵まれた」という言い方をされることが多く、「あるとき、突然むこうからやって来るもの」「ラッキーなこと」という意味で捉えられています。

しかし、他力本願よろしくとばかりに、ただ漫然《まんぜん》とチャンスが訪れるのを待っていては、長い時間を費やしてしまいます。

ましてや年功序列的に上から順番が下りてくるのを待ったり、いつか誰かが自分に光を当ててくれるのを期待したりでは、いささか気の遠くなる話です。

やはり、チャンスは自力本願で呼び込むようにしたいものです。

そこで威力を発揮するのが、伝える力です。

選ばれる人になるためには、確かな知識、高い技術、豊かな経験を身につけることはもちろん大切ですが、そこに伝える力を加えることで、引き寄せパワーを圧倒的に高めることができます。

古臭い年功序列を、一気に飛び越えることも可能にしてしまいます。

なぜなら、伝える力とは人を巻き込む力でもあり、大きな仕事や新しい役割を遂行する上で欠かすことができないからです。

新たに立ち上がる事業をまとめること、一つの部門を統率すること、目の前の一つのタスクを処理することなど、すべての仕事は大なり小なり、何らかの目標を達成するためのプロジェクトと言えます。

組織におけるプロジェクトは、すべてを自分だけでおこなうのではなく、周囲のメンバーとの協調が欠かせないことは言うまでもありません。

したがって、その成功を左右するのは、目標やプロセスをメンバーと共有する力であり、メンバーに的確な指示を出す力であり、メンバーと円滑《えんかつ》な意思疎通を図《はか》る力にほかならないのです。

たとえ知識や技術、経験が少なくとも、伝える力さえあればメンバーに不足を補ってもらえばいいわけですから、年功序列を一気に飛び越えることも可能になります。

いや、むしろすべてを一人で抱え込むのではなく、周囲のメンバーが持っている力を引き出せるリーダーのほうが、よほどプロジェクトを成功に導くことができます。

「何を目指すのか」「何のためにやるのか」、そして「自分は何ができて何ができないのか」を明らかにした上で、「だからこそ皆さんの力が必要です」と、シンプルに言い切れることが引き寄せパワーなのです。

多くの人は、伝える力というと社内の報告や会議、あるいは社外での営業活動などで「いかに相手に物事を理解してもらうか」という具体的な内容に目が行きがちです。

もちろん大切なことではありますが、それはあくまでも通過点にしか過ぎません。もう一歩先に目を向けて、周囲の人を巻き込むという、伝える力のパワーに気づけるかどうかが、選ばれる人、出世する人になる上で重要になるのです。

どんなにIT化、情報化された世の中になろうとも、人を選ぶのは人であり、人を期待し、信頼するのもまた人でしかありません。

伝える力によって人を巻き込むことができれば、人生のたった2回か3回のチャンスを待つのではなく、何回でも自分の力で引き寄せることができるようになるのです。

POINT

- チャンスを待つのは、やめよう
- 「◯◯したい、だから皆さんの力が必要」と明文化しよう
- すべてのプロジェクトの成否は、伝える力によって決まる

あえて独自の視点から物事を伝える習慣を持つ

それでは次に、伝え方で選ばれる人になるための大原則をお伝えしましょう。

それは、**その他大勢の人とは違った視点から物事を考える**ということです。

ある意味当然のことではありますが、組織の中で仕事をしていると意外に忘れがちであったり、そもそもそんな発想は持っていなかったりということも少なくありません。

また、自分が目立って周囲から注目されることに抵抗を感じたり、直属の上司がそうした雰囲気をあまり好まないので抵抗を感じたりという人もよく見受けます。

しかし、ここで述べたいのは、何も奇想天外な突拍子もない伝え方をするのではなく、あくまでも常識の範疇《はんちゅう》で、ほかの人とは視点を変えようということです。

たとえば、私のプレゼンテーション研修では、受講者にあらかじめ提示したお題について5分程度のショートプレゼンをつくってきてもらう、というワークショップを取り入れることがあります。

ある企業でのテーマが、「就職活動中の学生に当社の魅力を伝える」というもので、30人が受講されました。その会社の魅力はいろいろあったのですが、対外的に一番インパクトが強かったのが「50年以上にわたり業界ナンバー1」ということでした。

その結果、研修での受講者のプレゼン発表はこうなりました。

「当社は、50年以上にわたり業界ナンバー1で……」
「当社の魅力は、50年以上にわたり業界ナンバー1ということで……」
「弊社は、50年以上にわたり業界ナンバー1を誇っており……」
「当社で働く一番のメリットは、50年以上にわたり業界ナンバー1……」

このような具合で、言い方に若干違いはあるものの、主旨はまったく同じプレゼンが25

本以上並んだわけです。

まるで会社の規則で自社をアピールするときには「50年以上にわたり業界ナンバー1」という文言を必ず入れることと決められているかのようでした。

自分が伝える内容が、ほかの人とコピペさながらに同じであってもまったく意に介さず、むしろ安心してそのまま伝えるのか、あるいは他人と同じことを伝えても何の面白みもないと考えて何か違う視点を探すのか。

ここが選ばれる人になれるかどうかの、感性の分かれ目です。

これは何もプレゼンに限ったことではありません。上司に報告や相談をする場合や、会議で意見を述べる場合など、日常業務でも同じことです。

たとえば、

「ここしばらく部内全体において仕事の効率が上がらない。働き方の改革をしなければならないのに一向に改善が見られない」

といった課題があったとします。

その原因として、

「決定的に人が足りない状態が慢性化している」

ということを誰もが考えています。

そこで、同じことを上からなぞっても、まったく意味がありません。

何か視点を変えて、たとえば、

「非効率の原因は、部内の横断的なコミュニケーションの場が足りないからではないか。あえて1週間に1時間だけ全体ミーティングを設《もう》けて、現状を共有するといいのではないか」

「それが人手不足解消の前に、自分たちで改善できることではないか」


といったように、考えを巡らせてみるのです。

もちろん単なる思いつきではなく、何らかの根拠や改善の見込みが必要なことは言うまでもありません。

全員が黒いスーツを着ているのであれば、自分はグレーや紺のスーツを選択してみる、そんな感覚で自分独自の伝え方を追求することが大切です。

物事を伝えることは、表面的な話し方をきれいにまとめることではなく、ほかの人にはない新たな視点を見つけることから始まっているのです。

あくまでも真っ赤なスーツを着て奇抜に目立てという意味ではないことを、念のためにお伝えしておきます。

POINT

- ほかの意見と違う角度はないか探そう
- 考える意識を持ち、根拠を明確にしよう
- 奇抜な意見を出せばいいというものではない

既成事実にとらわれずに、将来への考えを伝える

最近、企業内部においてあらゆる部門から社員を選抜して「10年後、20年後にこの会社はどうあるべきか、そのために何をするべきか」という将来のビジョンを考えて、発表させるという取り組みの話をよく耳にします。

社員に自ら考える力を身につけさせるのが狙いなのか、はたまた社長や役員では将来像を描けないので社員に考えさせようとしているのか、本意はわかりかねますが、実際におこなわれているようです。

それというのも、私のプレゼン指導塾では、発表のメンバーに選抜されたものの将来のアイデアがまったく思い浮かばない、という悩みを抱えた方から申し込みをいただくことがままあるからです。

ここで明らかなことは、組織の中で将来を考えられる人が求められていることと、実際に有効な将来像を描ける人は少なく、貴重であるということです。つまり、将来を考えて伝えられることは、選ばれる人になる大切な条件の一つと言えるのです。

ちなみにここだけの話ですが、ある方の場合、ご本人ではなかなかビジョンが描けないということで、私のアイデアをもとにプレゼンをつくって発表したところ、社長はじめ役員から「素晴らしい」と絶賛されたというのですから、それってどうなの？　と疑問に感じると同時に、思わず笑ってしまいました。

しかし、その企業にとってまったくの部外者であるこの私が将来像を考え、重役たちがそれを絶賛したという事実に、重要なポイントが潜んでいます。

それは、**既成事実にとらわれ過ぎていると、新しいことを考えるのが難しい**ということです。将来像などの新しいことを考えるのに、荒唐無稽《こうとうむけい》の絵空事ではまったく意味がないことは言うまでもありませんが、それでも既成の事実や既成の概念から解き放たれることが必要なのです。

日常の仕事は、常に現実的であり合理的でなければいけません。また、取引関係や人間関係の中で複雑なしがらみも少なくありません。

しかし、将来に向かって新たなビジョンを描いたり、新しいアイデアを出したりするときぐらいは、しがらみから自分を解放できるようなコントロールが必要なのです。

そして、将来への考えを伝えることは、何も企業のあり方といった壮大なビジョンに限ったことではありません。

一つの部や課の今後のあり方を考えるとき、部内のスタッフにどのように成長してもらいたいかという目標を掲げるとき、新たな企画のゴールを設定するときなど、人の上に立てば将来を考えることは常に求められるようになります。

ポイントは、足し算ではなく引き算の思考をすることです。

既成事実にとらわれる人は、現在を出発点にして、必要なことやできることを一つひとつ積み上げながら考える、つまり足し算の思考になっています。その結果、現在のしがらみや制約が壁となって「できないこと」ばかりが浮き彫りになってしまいます。

一方で、将来を考えられる人は、先に「あるべき将来像」を掲げます。

その次に、現在の状況を照らし合わせて、その間にはどれだけの差があるか、何をしなければならないかを導き出します。

そうすれば、将来のことを考えられない、思いつかないといったことがなくなります。

しかも現在の状況を無視するわけではありませんから、荒唐無稽な発想にもなりません。

既成事実というものは、誰の目にも明らかであり、多くの人が共有していますから、その中で物事を伝えるのは誰にでもできることであり、さほど難しいことではありません。

いかにその枠組みを超えて新しい将来を提示できるか、ここからが本当の勝負であり、選ばれる人になるための大切な要素となるのです。

先の例のように、部外者に頼ったり、思いがけず部外者のアイデアを絶賛したりしないよう、自分の考えを伝えていただきたいと思います。

POINT

- **将来のことを考えることができる人は、選ばれる**
- **既成事実を外して考えてみよう**
- **引き算思考で行こう**

第2章

「上司」に認められる人の伝え方

立場の違いに臆することなく、率直に意見を伝える

それでは、ここからはいよいよ具体論に入っていきましょう。

相手別、シーン別に出世するための伝え方の秘訣を論じていきたいと思います。

まずは上司への伝え方です。

仕事において責任ある立場を任されるのも、新しく立ち上がったプロジェクトのリーダーに抜擢《ばってき》されるのも、上司の指示・指名によることがほとんどですし、管理職の昇進試験に臨《のぞ》むためには、上司の推薦が必要になる場合も少なくありません。

したがって、組織の中で選ばれる人、任される人になるためには、上司に認められることが極めて重要です。

そこでまず大事なことは、とにもかくにも慌《あわ》てず焦《あせ》らず落ち着いて、自分の考えを率直

に伝えるということです。

上司への報告や会議での発言、あるいは上司が出席するプレゼンの場で必要以上にプレッシャーを感じてしまう人を多く見かけます。

しかも、部長、役員、社長と役職が上がれば上がるほど「やばい！」「怖い！」とプレッシャーはどんどん強くなっていきます。

その結果、激しい緊張と動揺から冷静な自分を見失い、あれもこれもと多くのことを伝えようとして「それで結局何が言いたいんだ！」「もうちょっとまとめてから来なさい！」などと撃沈《げきちん》してしまうことも少なくありません。

そんな姿を見た上司から「たかだか同じ組織の上長に対してプレッシャーを感じているようでは社外に出たときにはどうなってしまうのか？」と思われても仕方がありません。

むしろそっちのほうが「相当やばい！」状況であり、選ばれる人、任される人からはどんどん遠ざかっていってしまいます。

とにかく、まずは内容の前に伝え方で失敗しないことです。

上司の前でいくらプレッシャーを感じたからといって、伝えるべき内容は絶対に変わりません。仮に、怒られそうな悪い話をしなくてはならない場合に、緊張したからといっていい話に変わるはずがありません。

逆に、せっかく褒《ほ》められるようないい話であっても、伝え方が悪ければ話の価値を大幅に下げてしまうことすらあるのです。

人に物事を伝える場合、「何を伝えるか」という内容ばかりを考えがちですが、それより先に「どう伝えるか」すなわち伝える姿勢のほうが入り口となります。内容は聴き手の頭の中で客観的な判断材料として理解され、伝える姿勢は聴き手の主観、すなわち感情で受け止められるのです。

「なんでこんなにガチガチに緊張しているんだ？」「なんだかずいぶんと落ち着きがないなー」という印象はすべて聴き手の感情の表れであり、ここでつまずくと、その後の内容の判断に悪影響を与えてしまうのです。

そして、この伝え方による感情への影響は、社外の顧客や取引先、とくに初対面の相手の場合により強くなるのです。

ですから「社内でこんな状態では、社外の重要な場に出たらどうなってしまうのか？」

と上司に思わせてしまうことは、選ばれるチャンスを逃すことにつながってしまいます。
要は、いい意味で開き直ることです。

・どんなに偉い上司でも、自分と同じ人間だ
・どんなに緊張したところで、伝える内容は変わらない
・伝える姿勢で失敗したら、その先の内容まで到達できない

まずはこの3つを肝に銘《めい》じて、自分の考えを落ち着いて率直に述べることから始めましょう。この関門を乗り越えることが信頼獲得の第一歩となるのです。

POINT

- **私たちは、上司に選ばれる**
- **何を伝えるかより、どう伝えるかのほうが重要**
- **思い切って、開き直ろう**

相手が上司だからこそ、ビジネスの基本に立ち返る

最初の関門を無事にクリアしたとして、次に肝心の内容について考えていきましょう。

とにかくわかりやすく伝えて「結局何が言いたいんだ！」「もっと簡潔にまとめてから来なさい！」などと言われないためには、ビジネスの基本を忠実に踏まえることに尽きます。

それは「5W2H」です。

そう、新入社員時代に勉強した、まさにビジネスのイロハのイです。

念のために列挙すると、

・What（テーマ、目的）
・Why（理由）

・When（期限）
・Where（範囲、場所）
・Who（担当、役割）
・How（施策、方法）
・How much（金額、数値）

の7つです。

「なんだ、そんなことかよ！」と思ったでしょうか。

しかし、ここで重要なのがインプットとアウトプットの落差です。

ある程度の期間、仕事の現場で実務にたずさわったビジネスパーソンであれば、5W2Hぐらいは知識として誰でも知っている、つまりインプットされているでしょう。

ただし、本当に5W2Hに則《のっと》って確実にアウトプットできているかというと、実際にはそうなっていない場合が多いものです。

なぜなら、キャリアが積み重なってくると、目の前の仕事内容や取り巻く環境が複雑になり、それに伴《ともな》って伝えるべき内容も複雑になってくるからです。すると頭ではわかっているはずの基本が、抜け落ちやすくなるのです。

私は企業研修を実施するにあたり、社員の伝え方の問題点について必ずヒアリングをおこないます。基本的に相手は人事部や人材開発室の方が多いのですが、部長や役員クラスの方とお話しすることもあります。

その際に「ウチの社員はとにかく基本がなってないから、イチからしっかり叩き込んでもらいたい」という言葉を聞くことが少なくありません。

しかも、それは20代の若手社員のことだけではなく、30代、40代の中堅社員のことを言っている場合が多いのです。

つまり5W2Hのような、今さら感満々のイロハのイも上司には伝わっていないのです。

これが、まさに伝え方のインプットとアウトプットの落差であり現実です。

この話をするとき、私はいつも車の運転を思い浮かべます。

誰しも免許取り立ての初心者の頃は、姿勢やハンドルの持ち方、前後左右の確認順序に至るまで教習所で教わった基本を忠実に守って運転します。

ところが、そこから5年、10年、それ以上とだんだん慣れてくるにつれ、いろいろな点で、抜け落ちが多くなってきます。

上司の言葉を聞く限り、ビジネスでもこれと同じことが起きていると言わざるを得ません。しかも、組織の中で出世したら、今度は部下の基本をチェック、指導する教官の立場になるのです。

ですから「なんだ、今さらそんなことかよ！」と言わずに、むしろ「なんだ、そんなこともできないのかよ！」と、上司から言われないようにしなければならないのです。

POINT

- **「5W2H」をなめてはいけない**
- **基本は時間と共に抜けてしまうもの**
- **「今さら……」という発想をやめよう**

「目的→結論→理由→目標」の4ステップで伝える

では、上司の前で実際に5W2Hをどのように使えばよいのか、具体的な説明の構成方法をお伝えします。最も簡潔なパターンとして、「目的→結論→理由→目標」の4ステップで組み立てます。

まず、最初に目的＝Whatを明確にします。

上司のところに何をしに来たのか、業務完了の報告なのか、判断や解決策を仰《あお》ぐ相談なのか、それとも何らかのアクションの依頼なのかを伝えます。これをはっきり伝えれば、話し終わった後に「だから何なんだ！」というツッコミがなくなります。

当たり前のことですが、急ぐあまりについ忘れて、いきなり本題から話してしまうことも少なくありません。

そして次に、結論と理由をセットにして伝えます。

結論はWhatとHow、つまり「何がどうなる」「何をどうする」「何がどうなった」という最も重要な内容を簡潔に伝えます。

すると、当然に上司は「なぜそうなるのか？」「なぜそうなったのか？」という理由が聞きたくなりますから、ここでWhyを付け加えます。

一般的に「この理由なのでこの結論です」と理由を先に述べる人が多いですが、「この結論です。なぜならこの理由だからです」と順序をひっくり返すことで、同じ内容でも簡潔、明快に伝わるようになります。

たとえば、上司から承認というアクションを引き出したい場合には、

「営業部の30代と40代の社員に対して、プレゼンテーション研修を実施したいと考えています」

「理由としては、ここ3カ月で大型案件のロストが続いたことと、先日A社の業務部長から『おたくの敗因はプレゼンだ』と明言されたことから、あらためて基本をしっかり習得させたいからです」

といった具合です。

そして最後には、必ず目標＝Ｈｏｗ ｍｕｃｈを掲げましょう。

「この半年のプレゼンの成績として、12件中6件の受注で5割だった勝率を、7割まで引き上げることを目標にします」

というように、ビジネスの目標は定量的に、すなわち数字で明言するのが基本です。

これから取り組む新たな仕事については当然ですが、完了した業務報告などの場合も良かった点や悪かった点をどう活かしていくのか、目標は必ず述べなければなりません。

さて、ここまでが最低限必要な4つのステップになりますが、ここから先は上司の考え方のタイプに伝え方を調整する必要があります。

それは、具体的な施策や方法、すなわちＨｏｗを詳しく伝えるか否か。Ｗｈｅｎ（期限）、Ｗｈｅｒｅ（範囲、場所）、Ｗｈｏ（担当、役割）といった細かい内容をどこまで伝えるかです。

一般的に、「具体的に仕事をどのように実施しようとしているのか、あるいは実施したのか」という詳細に対して「それを考えて実行するのが君の仕事なんだから、いちいち説明する必要はない」という主義の上司は多いものです。ごもっともな話だと思います。

しかし一方で、具体的な詳しい説明を期待していて、その内容を聞いてから判断なり指示をするという上司もいます。

ですから、いま目の前にいる上司は、どちらのタイプなのかを絶対に見誤らないように、日頃からよく分析しておく必要があります。また、同じ上司でも案件や伝えるタイミングによって基準が変わる場合も大いにありえますから、常に注意が必要です。

逆に、そこをしっかりと見極めて、人に応じた臨機《りんき》応変《おうへん》な伝え方ができれば、「コイツはどこへ出しても安心だ」という大きな信頼につながります。

POINT

- **最初に目的、間に結論と理由、そして最後に目標を**
- **上司によって基準は違う**
- **どこまで伝えるべき人か、見極めよう**

リスクか？ チャレンジか？ 上司のタイプを見極める

このように伝え方というのは、相手や目的ごとに一つの方法を習得したら、それを繰り返し使っていればいいというものではありません。

もちろん基本を押さえることは大切ですが、前述のように、人それぞれで、異なる考え方やタイミングに臨機応変に調整を加えることが必要です。

とくに、上司ともなると年齢も高く、ビジネスパーソンとしての歴史も長い人が多いですから、それぞれの色がかなりはっきりしています。

根本的なタイプの違いとして「リスクヘッジを重視する上司」なのか、「積極的なチャレンジ精神を重んじる上司」なのかという違いがあります。

多いのが「リスクヘッジを重視するタイプ」です。

何か新しい物事に取り組むとき、ヒト、モノ、カネ、時間など会社にとって貴重な資源を投入するのだから、どれぐらいのリスクがあるのか、何がそのリスクの要因となりえるのか、またリスクが現実となった場合にどのように対処していくのかといった、分析と対策を万全に考慮しておくべきだという考え方を持つ上司です。

一方で「積極的なチャレンジ精神を重んじるタイプ」とは、新しい物事に取り組むときにリスクはつきものであって、最初から失敗や困難を恐れていては何もうまくいくはずがないと考える上司です。もちろんリスクを軽視しているということではありませんが、それ以上に先を見て将来的に実現される価値や意義や効果を重要視しています。

これは良い悪いの問題ではなく、考え方の違いですから仕方がありません。

私の感覚では、規模が大きい会社や歴史の長い会社には前者タイプの管理職や役員が多く、新しいベンチャー企業の場合は社長を筆頭に後者が多いように感じます。

ただし、あくまでも人によって異なりますから、上司の考え方をしっかりと見極めてそれに対応した伝え方をしなければなりません。

もしリスクヘッジ重視型の上司に対して分析と対策がしっかり伝えられなければ、まだまだ詰めが甘いと判断されてしまいます。逆に、チャレンジ重視型の上司にリスクの話が多いと慎重すぎる、場合によっては弱腰と受け取られないとも限りません。

さらに言うと、前者のリスクヘッジタイプは「Ｈｏｗ」の詳しい説明を期待していることが多く、後者のチャレンジタイプは「Ｈｏｗ」の説明までは不要と考えることが多い傾向にあります。

ただし、ここで注意しなければならないのは、後者タイプの上司であっても、単に説明が不要なだけであって、リスクの分析と対策そのものが不要と考えているわけではありません。「それも含めて君が自分で考えて実行するのが仕事なんだから、私への詳しい説明はしなくてもよい」と部下の裁量に任せているのです。

伝える場面においては、前者の上司のほうがハードルは高いと思うかもしれませんが、仕事全体で考えると後者の上司のほうが要求レベルははるかに高いと言えます。

いずれにしても大事なことは、敏感に相手の考え方や状況を察知して、それに応じた柔軟な伝え方ができるかどうかです。上司は、その能力こそ評価の対象としているのです。

その他大勢から選ばれ、重要な役割を任せられると、今度は社外の顧客、取引先とのやり取りにおいて重要な局面が増えてきます。

そのときに、瞬時に相手のタイプを察知できずにズレた伝え方をしてしまうと、企業にとって致命的な打撃を受けることにもなりかねません。

少々言い方は悪いですが、上司はそのための練習台だと思えば、客観的かつ冷静に状況を見つめることができるようになるはずです。

POINT

- **大企業にはリスクヘッジタイプ、ベンチャーにはチャレンジタイプの上司が多い**
- **リスクヘッジタイプには、Ｈｏｗの詳しい説明をしよう**
- **上司を練習台にしよう**

小手先で強調した資料では、必ずボロが出る

「先生、資料の中で強調したいポイントは赤字にして、できるだけ大きなフォントでインパクトをつけると受け入れられやすいって本当ですか？」

「今年度の前半は売り上げの調子が良くなくて、後半に入ってから少し持ち直してきたので、見せたくない部分はカットしたほうがいいですかね？」

「実際の数字は伸びてはいるんですけど、期待したほどではないんですよね。グラフに矢印をくっつけて強調すると、まあまあ伸びているように見えますかね？」

これらは私のプレゼン個別指導塾の受講者から、実際に聞かれた言葉です。

いずれも社内の業務報告で使う資料で、聴き手の中心は上司でした。

これに対する私のアドバイスは、「どれも期待する効果は得られません。むしろやめるべきです」となります。

私も会社員時代に同じような場面に遭遇《そうぐう》したことがありますから、気持ちはわかります。誰でも上司に対してはマイナス要素を抑えて、プラスの部分を見てほしいものです。

また、昨今は資料作成ブームとも言えるほど、資料の見せ方に関するノウハウがネットや書籍を中心に多く流通しています。

しかも、そのほとんどが報告会議や企画発表など社内向けの資料を対象にしていて、ちょっとしたテクニックが大きな成果を生み出すと謳《うた》っていますから、その効果に期待したくなるのも仕方ありません。

しかし、どんなにフォントサイズを大きくしようとも、奇抜な色をつけようとも、百万円は百万円でしかなく、一千万円や一億円になるはずがありません。

いくらグラフの目盛りを調整したり、グィーンと上向きの矢印を貼りつけたりしようとも、10%の伸び率が30%や50%に上がることもありません。

表面上の見せ方で中身の「実」を変えることは不可能です。

また、そういった類の巷《ちまた》のテクニックを使うことを「姑息《こそく》」「まやかし」と捉えて、強い嫌悪感を示す上司は非常に多いので絶対にやめるべきです。というか実際に「まやかし」なので上司が正しいのです。

上司は、そうした必要以上に装飾された資料は、嫌と言うほど見せられていますから、その裏にある意図はすっかりお見通しです。

もちろん不要な情報をカットして重要な要素だけに絞り込んだり、論点をより明確にするために見やすく整理整頓したりといった最低限のスキルは必要です。

しかし、カモフラージュとも取れる小手先のテクニックは通用しないどころか、むしろマイナス評価につながってしまうのでやめましょう。むしろ、ありのままの現実と素直に対峙して、現実的な善後策を示す姿勢で臨むほうが、よほど上司の評価につながります。

ただし、一つだけ皆さんにお伝えしたい注意点があります。

それは、いまだに資料の枚数は多いほうが充実しているとか、1枚の中身もできるだけ多くの文字で埋め尽くされているものを評価する管理職や役員もいるという現実です。残念ながらここで論じているような小手先の装飾を歓迎、推奨する上司も存在しています。
私は、そうした時代遅れの誤ったアドバイスや指示を受けて混乱している人から、幾度となく相談を受けたことがありますので間違いありません。

では、その場合どうすればいいのかですが、あくまでも例外と捉えて、逆らわずに上司に合わせるのが無難です。

何も逆らってまで正論を主張して、上司との人間関係を悪化させる必要はありません。
やはり最後は、相手をよく見て相手に合わせることが大切だということです。できることなら、そういった上司の方に本章だけでもお読みいただき、時代遅れの誤った考えを改めていただくことを願って止みません。

POINT

- 資料を〝盛る〟のはやめよう
- 上司はあなたが何を狙っているのか、意外とわかっている
- 例外の上司には、無難に合わせてやりすごす

偉い人にプレゼンテーションを見せつける

上司に物事を伝えるというと、机の周りや別室で報告や相談をしたり、あるいは会議で発言をしたりといった場面を想定することが多いのではないでしょうか。

そこで、私から「伝え方で上司からの評価を上げる効果的な方法」としてプレゼンテーションの活用を提案したいと思います。

一本のプレゼンテーションを見事にやり切る姿を上司に見せつけることで、日常的な報告や相談や会議での発言よりも、何倍も大きな信頼や評価を勝ち取ることができます。

そして、その効果は聴き手となる上司の役職が上がれば上がるほど、より大きなものになります。

たとえば、私のプレゼンテーション研修の一環で、実践発表会というものをおこなうことがあります。

これは、社内の代表者数名に課題解決や新しい商品企画などのテーマを与えて、一本のプレゼンをつくって、実際に発表してもらうというものです。

その際に、せっかくのいい機会だし、社員の伝え方に興味があるとの理由から、本部長や役員クラス、ときには社長までもが同席することがありました。

そして、実際に社員のプレゼンを聴いてもらったところ、

「アイツがあんなに堂々としたプレゼンをするとは、予想外だった」
「あれだけ見事なプレゼンができるなら、いろいろと活躍してもらおう」

といった言葉がよく聞かれました。つまり、役職が上の偉い人ほど社員のプレゼンを聴く機会はそれほど多くなく、新鮮に感じているのです。

だからこそ、そこで見事に伝え切ることができれば驚きをもって評価されるのです。

実際に、その場に直属の上司である課長や係長を呼びつけて、プレゼンターを務めた社員に、より責任あるポジションを任せるよう指示を出していた役員もいました。

社内研修ではありましたが、まさにプレゼンテーションをきっかけに選ばれる人、任さ

れる人が誕生した瞬間でした。

では、実際にどのようなプレゼンをすればいいかと言うと、難しく考える必要は何もありません。凝ったスライドや饒舌《じょうぜつ》な話術も必要ありません。

大事なことは、「過去」↓「現在」↓「未来」という時間の流れに沿《そ》った、メリハリのあるストーリーを構築することです。

代表的な例を挙げると、新しい企画提案の場合であれば、

① 過去「当社のこれまでの取り組み」
② 現在「今抱えている課題と改革の必要性」
③ 未来「今後目指すべき新しい価値や成長」

という3ステップのストーリーを構成します。

また、実施報告型のプレゼンであれば、

①過去「当初の目標と計画」
②現在「実際に業務に取り組んだ結果」
③未来「今後の改善と発展に結び付ける検証」

というように同じく3ステップでシンプルに構成します。

上司を前にしたプレゼンでは、しっかりと未来を見据えていることが重要になります。将来的に何を目指し、会社の発展にどのように貢献しようとしているかというビジョンとアクションが高く評価されます。

しかし、ただ単に未来を思い描くだけでは荒唐無稽で終わってしまいますから、過去の歴史や実績を踏まえながら、現在の姿を客観的に捉えることがその根拠となります。

したがって、過去↓現在↓未来という基本構成が活きるのです。

これは企業経営の根幹そのものと重なりますから、役職が上の上司ほど評価するわけです。

ビジネスプレゼンというと、「背景」「課題」「解決」「効果」といった具体的な項目で構成するのが定番のセオリーです。

もちろんここには伏線として、過去↓現在↓未来が流れているのですが、それをもっとはっきりと前面に打ち出すことで、先を見据えた積極的なプレゼンテーションとして伝わるようになります。これは、昇進試験プレゼンにも使える必勝ストーリーでもあるので、ぜひ活用してください（プレゼンについては、第4章で詳述します）。

POINT

- **役職が上の人は、社員のプレゼンを見る機会が少ない**
- **プレゼンを見てもらうことが、いちばん手っ取り早い**
- **過去↓現在↓未来のストーリーで語ろう**

上司からの質問への答え方

さて、次は上司の質問への答え方です。

何も聞かれずに即座に承認が得られたり、アドバイスがもらえたりすればスマートですが、状況を確認するために上司から質問が返ってくることがほとんどです。

たとえ自分からの伝達がうまくいったとしても、質問への答え方に失敗してしまうと、報告でも相談でも、そしてプレゼンでも、すべてが台無しになってしまいますから、気を抜くことはできません。

ポイントは、とにかく聞かれたことに対して答えのみ、短く簡潔に伝え切ることです。

そして、ここでもやはり大切になるのが、基本中の基本である５Ｗ２Ｈです。

たとえばこうです。

（1）「誰が？」と聞かれた場合

↓「私です」

↓「そこはAさんが担当します」

（2）「なぜ？」と聞かれた場合

↓「最初に全員の意向を確認するためです」

↓「先方の部長から依頼があったからです」

と、このようなかたちです。

仮に、時間や金額、数量など数字に関する質問で絞り切れなかったとしても、

「約2～3週間を見込んでいます」

「およそ200～250万円になります」

と、幅を持たせても構わないので即座に答えます。絶対に「えっと」「うーん、そうですね」などと言葉に詰まらないようにしなければなりません。

仮に、上司の中に「なぜ数字に幅があるのか？」という疑問が生じても、重ねて質問されますから、同じようにその理由を簡潔に答えればいいのです。

つまり、一つの質問には一つの答えを用意し、シンプルな答えを積み上げていくようにします。決して上司の質問を勘《かん》ぐったり、気を利かせようとしたりして一度にあれもこれも答えようとしてはいけません。

「話が長い！」と上司にフラストレーションがたまるだけでなく、「考えがまとまっていない」とマイナス評価につながる恐れもあります。質問に対する答え以外は、すべて余計なことだと割り切る意識で臨むぐらいがちょうどいいのです。

そして、このことは役職が上の偉い上司ほど当てはまります。

部長や役員クラスになると、現場の社員の細かい業務事情まで把握していないのはよくあることです。係長や課長とは役割が異なりますから当然のことです。

そこで「たぶんご存じないでしょうから」などとつい気を利かせようとして、ここに至るまでの経緯や業務上の背景など、質問されていないこと、すなわち余計なことを長々と説明してしまう人をよく見かけます。**すると、よかれと思って話したにもかかわらず「まとまりがなく冗長《じょうちょう》だ！」という評価を受けてしまう**のです。

とにかく役職の上下にかかわらず、余計なことは一切考えずに、聞かれたことだけを簡潔に言い切るようにしましょう。

それで部長や役員が、どうしても詳しい経緯を知りたくなれば「ここに至るまでの経緯を簡単に教えてもらえるかな？」「その背景にはどんな事情があるのかね？」と聞いてきますから、そのときに答えれば十分です。

やはり、相手が誰であろうとも、焦らず恐れず落ち着いて伝えるに限るのです。

POINT

- **簡潔に即答しよう**
- **気を利かせたつもり＝余計な話**
- **聞きたいことは上司から聞いてくるから、慌てないように**

カタカナ用語は、すべて日本語に直して話す

この章の最後の項目として、わかってはいても、ついやってしまうポイントをご紹介します。それは、上司への説明の中にカタカナ用語を用いないということです。

具体的には「リソース」＝「ヒト、モノ、カネ、時間など会社の資源」や「エビデンス」＝「根拠」といった類の表現です。

これも嫌悪感を示す上司は多いので、注意しなければなりません。

その理由として次の3つが挙げられます。

①　言っている意味がわからず、話が理解できない。話している本人もよくわからずに伝えているのではないのかとさえ思ってしまう

②　専門用語、業界用語、社内用語を多用することで、聴き手の立場に立った伝え方がま

ったくできていないことを露呈してしまう

③そんな程度では、間違っても社外での取引先との重要な折衝《せっしょう》の場に出すことはできない、すなわち責任あるポジションは任せられないと判断されてしまう

ですから、とにかくすべて日本語に直して伝えましょう。

昨今は、グローバル化と共に英語を理解する人も社内に増えてきましたが、英語なら英語、日本語なら日本語とはっきり使い分けるべきで、決してごちゃまぜにして物事を伝えてはいけません。

これは、相手が理解できるかどうかの問題ではなく、聴き手の立場に立って言葉遣いをコントロールできる能力が備わっているかを、示すことにつながるのです。

そして、これはその他大勢の中から選ばれ、責任ある立場を任された人にとって必須のスキルでもあるのです。たまに何とも得意気にカタカナ用語を使い倒している人もいますが、勘違い甚《はなは》だしいと言わざるを得ません。

私の主観、独断ではありますが、ビジネスシーンでよく耳にするウザいカタカナ用語の代表例を列挙しますので、つい使ってしまっていないか一度チェックしてみてください。

使うべきでないカタカナ用語！

×		○
タスク	➡	作業
ミッション	➡	使命、役割
ロジック	➡	論理、仕組み
レスポンス	➡	反応、回答
デフォルト	➡	最初から決まっている
～ベースに	➡	～を基に
～サイド	➡	～としては
サマリー	➡	集計、まとめる
パフォーマンス	➡	能力
バッファ	➡	余裕、余力
リプレース	➡	置き換える
ソリューション	➡	解決、改善
トリガー	➡	きっかけ
コンセンサス	➡	合意
アジェンダ	➡	議題
スキーム	➡	枠組み
パラダイム	➡	物事の見方

ざっと挙げてみましたが、いかがでしょうか。
たとえば、

「今回の私たちのミッションについて、前回のサマリーをベースに、大まかなスキームをつくって、皆さまからコンセンサスを得たいというのが、本日のアジェンダです」

などと言っている人が、上司に認められて出世できるはずありませんね。
とにかく気を付けてください。

POINT

- **カタカナ用語は、理解されにくい**
- **カタカナ用語は、嫌われる**
- **カタカナ用語は、チャンスを逃す**

第3章

「部下」にも信頼される人の伝え方

逆サイドに立って物事を伝える

それでは次に、部下に信頼される伝え方について考えていきたいと思います。

出世するためには、上司から認められると同時に、部下からも信頼されていなければなりません。いざ人の上に立ったときに誰もついてくる人がいないようでは、引き上げる上司も不安で仕方ありませんし、そもそも自分自身が苦労する光景しか目に浮かびません。

豊富な知識や実績、あるいは高い技術力で部下を惹《ひ》きつけることもできますが、やはり人望による「惹きつけ力」は欠かすことができません。

ですから、出世する前も出世した後も、日頃から伝え方を工夫することによって、部下からの信頼を掴まえておかなければなりません。

そこで最初に押さえておきたいのが、常に部下の逆サイドに立って物事を伝える姿勢を持つということです。

サッカーのように、部下が一つのサイドに集まって、反対側にぽっかりスペースが空いている、ふと見るとそこに必ず立っている上司になるということです。

具体的には「励まし」と「警鐘《けいしょう》」という2つのサイドへの振り方があります。

まず、一つめの「励まし」です。

日々の仕事はなるべく楽しく取り組みたいものですが、現実はなかなかそうもいかず困難や苦労はつきものです。社内、社外にはさまざまな利害や人間関係が存在し、誰しもその渦の中で自分の役割を果たさなければなりません。

とくに、プロジェクトが山場にさしかかったり、不本意ながらミスやトラブルが発生したりといった場合は、心身ともに疲弊《ひへい》して現場の雰囲気も重苦しくなりがちです。

そんなとき、「つらいよな」「心も体も疲れたよな」と同調する先輩上司の顔など見たくもありません。部下の疲弊に拍車をかけてしまい、救いようがなくなってしまいます。

ですから先輩や上司は、逆サイドに立って、全員を励ます姿勢を持たなければなりません。

「いまこそ成長するための貴重なチャンス、またとない学びの機会だ」

「あのときの困難に比べたら、たいしたことない。我々なら必ず成し遂げられる」

など、とにかく前向きなメッセージを伝えることで、下に向いた視線を上向かせるようにします。

これは実現可能性云々の問題ではなく、士気を高めるためのアクションですから毅然とした姿勢で伝えるようにします。孤高の立ち位置から、毅然とメッセージを伝えられることが、リーダーを目指す人には欠かせない条件なのです。


次に、2つめの「警鐘」とは、真逆のサイドの振り方になります。


特段大きなミスやトラブルもなく業績やプロジェクトの進捗も順調、という調子のいいときもあります。そんな順風満帆な時期もなければ、本当に疲弊してしまい気持ちが折れてしまいます。

しかし、そうした調子の良いときこそ、慢心や油断からミスが発生することも少なくないのが世の常です。

そんなときは、ルンルン気分から緊張感が緩くなりつつある部下に対して、警鐘のメッセージを伝えることも必要です。

「以前にも同じことがなかったか？　こんなときこそ要注意だぞ！」

人は弱いもので、良いときも悪いときも、群れの心理が働くと、つい周囲の雰囲気に流されてしまいます。いつまでもその群れの側からその他大勢と物事を眺めるのか、そこから一人抜け出して孤高の逆サイドからメッセージを発信するのか、ここが出世するための大きな分かれ道となります。

誰もそのギアを真逆に入れ替えてくれる人はいません。どこかで決心を固め自分で入れ替えるしかないのです。まさに孤高のギアチェンジが必要なのです。

POINT

- **部下から信頼を得ないビジネスパーソンは、大成しない**
- **「励まし」と「警鐘」を使いわけよう**
- **孤高であれ！**

「間接メッセージ」を使えば、クドい説教にならない

世の中には、聞いているのが退屈でつらい話が2つあります。

一つは校長先生の話、もう一つは親や上司からの説教です。

話の中で何回も同じことを繰り返すから、とにかく長い。それを毎回繰り返すから飽きする。これがその理由です。皆さんも記憶があるのではないでしょうか。

しかし、立場が変わって部下や後輩ができると、あれほど苦痛だった同じ話、同じ言葉をどうしても繰り返してしまいます。

実際に、経営者や管理職の方から「説教臭くならずに、社員や部下に物事をうまく伝えて、行動させるにはどうしたらいいか？」という相談を受けたこともあります。

つまり自覚はしていても、人の上に立つとつい同じことを話してしまうという葛藤《かっとう》が生

まれてくるのです。

そんなとき、私は「間接メッセージを使いましょう」というアドバイスをしています。

間接メッセージとは私が考えた名前ですが、簡単に言うと「直接話して理解させる」のではなく「話から間接的に感じ取らせる」というものです。

人が話をするとき、聴き手には2つのことが同時に伝わっています。

一つは「言葉の内容」で、もう一つは「言葉にならないメッセージ」です。

たとえば、一見すると強面の男性が、子犬や子猫の魅力やしつけ方に関する話をしたとします。

まず直接的に伝わるのは、具体的な「言葉の内容」です。

例を挙げると「どっちも寝ているときの顔がたまらない」や「犬と猫は性格が真逆なのでしつけ方も正反対だ」というような話です。

しかし、それだけではなく、「言葉にならないメッセージ」が発信されています。

「この人が子犬や子猫好きなんて、かなり意外」

「ただ好きなだけじゃなくて、相当詳しいな」

「見かけによらず、実際は優しい人なのかもしれない」

これが間接メッセージです。

これを、部下に伝えるときにも応用するのです。

人によって部下に訴えたい信条は、いろいろあると思います。

「若いときは失敗を恐れず、常に挑戦しよう」

「上からの指示を待つのではなく、自分で考えて動く」

「仕事で大事なことは気づかい。気づかいが信頼をつくり、人をつくる」

こうした言葉を口に出して直接伝えようとするから、何度も同じことの繰り返しになり、説教臭くなってしまうのです。

そこで、間接メッセージを使えば伝え方が変わります。

たとえば、「失敗を恐れず、挑戦しよう」という趣旨を伝えたいのであれば、果敢《かかん》な挑戦によって成功を掴んだ企業や著名人、あるいは自分の体験の話をしてみます。

すると、さまざまな話題を提示することができるので、説教臭くなりません。

趣旨が一貫していれば、自分が訴えたい信条を部下にジワジワと感じ取らせることができます。

また、間接メッセージを使って物事を伝えることは、聴き手を大人として扱うことにも繋がります。逆に、同じことを直接的な言葉で何度も伝えるのは、子どもに言い聞かせているのと同じです。

間接メッセージを活用することは、大人同士の関係性を構築する上でも非常に有効に機能します。 指示やアドバイスといった業務上の場面はもちろん、朝礼スピーチや雑談など、日頃から意識することで、一歩先のコミュニケーションが実践できるようになります。

POINT

- 自覚をしていても、私たちは何度も同じ話をしてしまう生き物
- 「直接話して理解させる」ではなく「話から間接的に感じ取らせる」を目指す
- エピソードや引用を使おう

「結論」は話の最初に、30文字以内で言い切る

人の上に立とうとする者は、話の結論を明確にして、決断の速さや潔《いさぎよ》さを示すことも大切です。一つの物事に対して考えが右往左往して、いつまでもグズグズ悩んでいるようでは、部下は信頼するどころか、相談する気すら失せてしまいます。

しかし、実際に結論を明らかにしようと思っても意外に難しいものです。

とくに会議の発言やプレゼンテーションなどで、具体的な説明はいくらでもできるのに、全体としての話の着地点、すなわち結論を端的な言葉で表現できない、という人は少なくありません。

その結果、「それで結局、何が言いたいんだ?」と上司から突っ込まれている光景を目撃することもあります。

立場が変わって、その上司自身が「あの人の話は、結局何が言いたいのかよくわからない」と部下から思われているようでは、まったく示しがつかなくなってしまいます。

したがって、リーダーになるためには、結論を明確にする力も鍛えておかなければなりません。

そのためにはいくつかコツがあります。

まず大事なことは、結論は簡潔に30文字以内でまとめるようにします。もちろん、いちいち30文字を数える訳にはいきませんから、感覚的に体で覚えておく必要があります。

いくつか例を挙げてみます。

・人の上に立つ者は、最初に結論を言い切らなければならない（27文字）
・相手に間接的なメッセージを伝えれば説教臭くならない（25文字）
・リーダーは、常に逆サイドから物事を伝える（20文字）

この章のポイントをギュッと凝縮してみましたが、いかがでしょうか。

短ければ短いほど話の答えがより明確になります。

まずは、この長さとリズムを体の中に叩き込むようにします。


そして次に、結論の中では理由を述べないことも大事なポイントです。


日頃の仕事の中では、理由の説明はとても大切です。

「なぜそういう結果になったのか?」「なぜそれに取り組む必要があるのか?」など報告や提案を中心に、必ず理由を明らかにすることが求められます。

したがって、私たちは理由に対する意識が自然と強くなっています。

その結果、「AだからB」というように、理由と意見をセットにして伝える癖がついています。加えて「Aだから」と理由を先に持ってきてしまうことが、話が冗長になる原因でもあります。

そこで「とにかくBが重要です」と先に結論だけを言い切るようにします。それに続けて「なぜならAだから」というように、理由をつけ加えることで伝わるようになります。

ほんのちょっとの発想の転換と表現方法の工夫で、同じ内容でも伝わり方は大きく変わってくるのです。

同じような発想の転換として、結論の中で具体的にわからせようとしないことも大切です。日々の仕事の中では、理由の説明と同様に具体的な説明も常に求められます。

「たとえば、お客様に商品を説明するときに……」

「たとえば、各営業担当から本部への在庫確認において……」

といったように、具体的なヒトやモノや場面が想像できるように詳しく伝えます。

しかし、これを結論とセットにしてしまうと、やはり言葉が多く、話が冗長になってしまいます。

そこで、結論→理由ときて、その後ろに具体的な説明を付け加えるようにします。

「とにかくBが重要です」→「なぜならAだから」→「たとえばCをする場合に」

といった具合です。

多くの人は、理由と具体的な説明が中心になっていて、結論が不明確なので「それで結局、何が言いたいんだ？」と言われてしまいます。

「とにかく結論ありき」の伝え方を実践することは、そのこと自体が一歩抜きん出る発想の転換に直結しているのです。

まずは、30文字のリズムを体に叩き込んで、実践するようにしてください。

POINT

- **約30文字のリズムを、体で覚えてしまおう**
- **「AだからB」という伝え方が正解とは限らない**
- **結論を簡潔に言い切ってしまおう**

シンプルな「キーワード」で、話の軸をつくる

言いたいことを明確にするには、結論を打ち出すことと共に、キーワードを使うことも効果的です。

キーワードとは、単語、もしくは短い語句の固まりです。

結論と組み合わせて使うことによって「要は何を言ったのか」を、聴き手の記憶の中により強く残すことができます。

一つ具体的なパターンを挙げてみます。

たとえば、この本のテーマである「伝え方」について話をするとします。

まず前項で述べたように「結論」として「仕事で人の信頼を勝ち取るには、伝え方を磨

くことが重要である」というメッセージを打ち出します。

続いて、具体的にどこに着目すべきか、重要なポイントを提示します。

まず一つ目は「内容よりも形式」、そして2つ目は「情報よりも自分の考え」ということです（これがキーワードです）。

このように短い語句を使うことで、これから展開される話の軸をシンプルに打ち出すことができます。あとはそのまま個々のポイントについて説明を展開していきます。

「まず、一つめの『内容よりも形式』とは……」
「次に、2つめの『情報よりも自分の考え』とは……」

キーワードの軸があると、何よりも話し手自身が説明を組み立てやすくなります。聴き手にとってわかりやすい話とは、話し手が話しやすいということが大前提になります。そして、すべて説明し終えた後でもう一度念押しをすると、その効果はさらに高まります。

「ということで、内容よりも形式、情報よりも自分の考え、この2つを常に頭の中に置いて社内でも社外でも伝える力を磨くことを考えてください」

これはあくまでも一例です。

時間の使い方、チームワーク、モチベーション、営業手法など、たとえどんな話題であっても結論とキーワードを組み合わせることで、「結局、何が大切なのか」という答えが明確になります。

これは、ぜひ部下や後輩に対して、スローガンや合言葉を植えつけるイメージで取り組んでみてください。

たとえば、会議やプレゼン作成の場において、

「おい、まず内容よりも形式だぞ」

「この前、情報よりも自分の考えって言われたばかりだろう」

自分が発信した言葉が浸透して、お互いの注意喚起に結びつけば、部下や後輩の中に本当に伝わったと言えます。

組織の中で選ばれる人になるためには、そうしたスローガンや合言葉を受け取る立場から、自ら考え、つくり、発信する立場に変わらなければならないのです。結論もキーワードも言われてみれば「何だ、そんなことか」と思われるかもしれませんが、実際にやるのはなかなか難しいものです。

ぜひ日々の仕事の中で、少しずつその努力を積んでみてください。

POINT

- **キーワードをつくろう**
- **キーワードと結論を組み合わせよう**
- **キーワードを浸透させよう**

「根拠」は、自分自身の困難と克服の体験談から導き出す

さて、「結論」と「キーワード」で話の骨格が明確になってきたら、次に大切になるのはその「根拠」です。

「なぜそう言い切れるのか」をはっきりさせることは、説得力に直結します。

逆に、そこが不明確なままだと部下への一方的な押しつけ、説教になってしまいます。

指示、相談に対するアドバイス、あるいは朝礼のスピーチでも、明確な根拠が部下の腹に落ちることで、右の耳から左の耳へ抜けていく話ではなく、その後のアクションに確実に結びつくようになります。

ところが、一般的な原理原則と違って、自分の主義や主張について誰もが納得するような根拠を客観的に示すことは、意外にも難しいものです。

まさか「ネットでの情報によると」だと、あまりに薄っぺらいですし、むしろ部下のほうがよっぽど詳しいかもしれません。どこを見ても膨大《ぼうだい》な情報で溢れかえっている今の社会や生活は、他人が発信した情報で埋め尽くされているのです。

そこで、自分自身の体験の中に根拠を求めるようにします。

とくに部下、後輩への指示やアドバイスにあたっては、自分自身の困難と克服の体験から根拠を導き出します。

誰しもある程度仕事をしていれば、失敗や困難を経験します。

慢心や注意不足からくるミスもあれば、不可抗力による不本意なトラブルもあるでしょう。そして、その失敗を修復して、困難を乗り越えてきた経験もあるはずです。

その体験の中から根拠を導き出して「だから、これが大事なんだ」「だから、こうしたほうがいい」「だからこそ、こうしなければならない」と伝えるのです。

体験とは、その人固有の財産ですから、本や新聞、あるいはネット情報と重なることなく、自分ならではのオリジナルの根拠を打ち出すことができます。

これは情報の伝達を超えて、まさに生き様のコミュニケーションになりますから、人間同士の緊密な信頼関係の構築にも直結します。

そんな伝え方をしたら、部下や後輩への押しつけになって逆に嫌われやしないかと不安がる人もいますが、その心配はありません。

上から目線の押しつけになるのは、過去の成功自慢や武勇伝を得意気に語る場合です。

ほとんどの人は、自分のプラス面だけを見せたがり、マイナス面は隠そうとするのでどうしても押しつけになってしまいがちです。

だからこそあえて強みを隠し、自分の弱みを見せることで、誰にも真似できない説得力を出すことができるようになります。

POINT

- **自分の失敗や困難は、積極的に語ろう**
- **失敗経験＝根拠＝生き様のコミュニケーション**
- **失敗を語ることは、信頼の獲得にもつながる**

うまい比喩を使えば、説得力は格段にアップする

さらにもう一つ、話に説得力を出す効果的な方法をご紹介します。

それは、比喩《ひゆ》、すなわち「たとえ」を使って物事を伝えるということです。

ちなみに、先に注意事項をお伝えしておきます。

比喩は必ず、部下や後輩に対して使うように徹底してください。

上司や得意先の偉い人に対して比喩を得意気に使ってしまうと、対等もしくは上から目線になって大けがする場合があります。

しかし、部下や後輩への話の中で比喩を使ってうまく決まれば、「なるほど！」「わかりやすい！」と圧倒的な納得を勝ち取ることができます。

私がよく使っていた比喩の中で、シンプルな例をご紹介しましょう。

会社員時代、私は仕事を効率的に素早くこなすことを、持ち味の一つとしていました。

そして、部下や後輩から「仕事や時間のやりくりがどうも苦手で、どうすれば要領《ようりょう》よく進められるようになりますか？」という相談を受けることがよくありました。

そんなとき、私は「料理の手順と一緒！」という比喩を使っていました。

料理の手順は、

①　サッと片付くものを終えてしまう（野菜、刺身など）
②　出来上がるまで時間がかかるものを仕込む（煮込み、炊飯など）
③　より集中力が必要な作業に取り掛かる（炒める、焼くなど）

仕事もこれと同じ要領で考えます。

①　サッと片付くことを終えてしまう（連絡や簡単な雑用など）

② フィードバックに時間がかかるものを仕込む（問合せや依頼など）
③ より集中力が必要な作業に取り掛かる（計算や資料作成など）

「要領が悪い人は、気になった仕事や目についた仕事に取り掛かってしまう傾向がある。そうじゃなくて、まずは性質によって仕事を振り分けてから、①②③の順番にやると、すべてが適温で美味しくできあがるよ」

といった伝え方をしていました。

これはあくまで一例です。

内容については人によってさまざまな考え方があると思いますが、ここでのポイントはあくまでも比喩を使って伝えるということです。

このアドバイスをした結果、部下や後輩からは「なるほど、わかりやすいですね！」「実際にやってみたらうまくいきました！」という声をもらいましたから、理解、納得が得られたものと自負しています。

ためしに皆さんも自分なりの比喩を組み立ててみてください。

比喩表現を磨いてみよう

「仕事や時間の使い方を、どうすれば要領よく進められるようになりますか？」

・筆者の場合→料理にたとえる

❶	サッと片付くものを終えてしまう（野菜、刺身など）
❷	出来上がるまで時間がかかるものを仕込む（煮込み、炊飯など）
❸	より集中力が必要な作業に取り掛かる（炒める、焼くなど）

⬇

・仕事もこれと同じ要領で考える

❶	サッと片付くことを終えてしまう（連絡や簡単な雑用など）
❷	フィードバックに時間がかかるものを仕込む（問合せや依頼など）
❸	より集中力が必要な作業に取り掛かる（計算や資料作成など）

あなたの場合→何にたとえますか？

このように別々の物事を掛け合わせながら伝えるためには、共通するポイントが明確に掴めていなければなりません。ということは、逆に**比喩を使えば「何が重要なポイントなのか」が明確に伝わると言えます。**

実際に、日常の中で比喩を使って説明している人は極めて少ないものです。

また、そうそう簡単にできるものでもありません。

日頃から自分で意識的に比喩のネタ探しをしておく必要があります。

別に誰かから命じられるわけでもありません。比喩を探して使うのに時間もお金もかかりません。ステップアップするために、物事を捉える視点を少しずつ変える努力をしていただきたいと思います。

POINT

- **比喩は上司に使ってはいけない**
- **比喩とは、重要なポイントを伝えるために効果的な手段**
- **日常からネタ探しをしよう**

第4章

「プレゼン」で頭ひとつ抜け出す人の伝え方

プレゼン力は出世するための必須スキルである

ここからは出世するためのプレゼンテーション術についてご説明したいと思います。

とにかくプレゼンは選ばれる人になるための絶好のチャンスであり、見事にやり抜くことでステップアップの強力な武器になります。

パソコンやプロジェクターがばっちりセッティングされ、聴き手が話を聴くために着席して話し手に注目してくれます。ビジネスパーソンとしての自分をアピールするまたとない貴重な機会であり、まさに実力の展示会といったところです。

場合によっては、普段は顔を合わせることのない役員クラスや他部署の上長も出席するとなれば、なおさらラッキーです。

「我ここにあり」と広く自分の存在感を示すことができるからです。

まずは、プレゼンテーションに対する意識から変えてみましょう。

私がプレゼン指導の際に頻繁に使う言葉です。

「プレゼンはピンチではなく、チャンスである」

一般的に日本のビジネスパーソンの約80％がプレゼンに苦手意識を持っていて、消極的であると言われています。

皆さん自身、あるいは皆さんの周りにプレゼンが大好きという人はいるでしょうか。

私の感覚では、ほとんどの人ができれば避けて通りたいと思っているような気がします。

その結果、多くの場合が上司からプレゼンを命じられて「プレゼンをしなければならなくなった」となります。

しかし、出世するためにプレゼンを武器にしたいと思うなら、自ら手を挙げてプレゼンターに立候補する気概を持たなければなりません。

「みんなが嫌がるのなら私がやりますから、いいですよ」

と言うぐらいの貪欲《どんよく》さを持つべきです。

私の経験上、「そのプレゼン私がやります。やらせてください」と言うと、周囲は目を丸くして上司からも驚かれますから、その時点で選ばれる人になっています。
そして、いざプレゼンに臨むとなったら、次は姿勢を変えることも必要です。
それは、「お伺いの姿勢」から「共有の姿勢」で伝えるということです。
多くの人は、プレゼンと言いつつも消極的な姿勢そのままに、

「〇〇だと思うのですが、いかがでしょうか？」
「〇〇と考えますが、ご理解いただけますでしょうか？」

と、お伺いしている場合がほとんどです。
これでは、プレゼンを出世の武器にすることはできません。そうではなく、

「私の考えは〇〇です」
「私は〇〇と考えます」

と自分の答えに自信を持って言い切ること。

そして、それを聴き手と共有する姿勢で伝えなければなりません。

選ばれる人に求められるのは、決断力と統率力です。

マネージャー、課長、部長とランクが上に行けば行くほど率いる部下は増えていきます。そのときにリーダーが迷っていては下の人は不安でしかなく、誰もついてくるはずがありません。ですから、その前哨《ぜんしょう》戦のつもりで迷いや不安を断ち切って、自分の考えを堂々と言い切るようにします。

自らプレゼンターに立候補して自分の考えを発信すると、最も鍛えられるのが達成力と行動力です。顧客提案、新企画立案、課題解決など、いずれもプレゼンで声高に宣言することは、聴き手と約束を交わすことであり、自らの退路を断つことでもあります。

すると、その宣言した約束を死守するために、あらゆる手段を駆使して、行動せざるを得なくなります。

自ら積極的に行動することはもちろんですが、どこかで必ず限界が来ることも少なくありません。そうなると上司、部下、関係なくアドバイスを求めたり、協力を依頼したりと自然と行動に広がりが出てきます。

その姿勢こそが、選ばれて出世するためには最も重要な要素なのです。

プレゼンテーションとは出世するためのチャンスでもあり、そのチャンスをものにした後に求められる実力も鍛えてくれる、極めて論理的な取り組みにほかならないのです。

こんな貴重なチャンスを避けて通るのは、もったいないことこの上ない話です。

とにかく大切なのは自分の意識です。思い切って自分のギアを完全に切り替えて、積極的にプレゼンターとして名乗りを上げることから始めてみましょう。

POINT

- **率先して、プレゼンターに立候補しよう**
- **プレゼンは「お伺い」ではなく「共有」。意見を言い切ろう**
- **プレゼンへの苦手意識がなくなれば、ライバルから頭ひとつ抜けられる**

プレゼンの準備を後回しにしてはいけない

プレゼンがうまくいく人、うまくいかない人で、取り組み方に決定的な違いがあります。

それは、プレゼンの優先順位です。

もちろん一人ひとりに仕事上のさまざまな事情がありますが、**うまくいく人はプレゼンの重要性を認識しているので優先度が高く、余裕を持ってコツコツと準備を進めます。**

それに対して、うまくいかない人は「苦手意識」や「やらなければならなくなった感」も手伝ってか優先度が低く、なかなか手をつけないという傾向があります。

私の個別指導塾にも、数週間前からプレゼンの予定が立っていたにもかかわらず、本番の5日前や3日前、なかには明日のプレゼンを何とかしたいと言って、駆け込んで来る人も少なくありません。もちろん私もできる限りのサポートはしますが、どうしても限定的にならざるを得ません。

では、一体どれぐらいの準備期間を見込めばいいのでしょうか。

選ばれる人になるために手ごたえのあるプレゼンをしようと思ったら、最低2週間は必要です。あくまでも必要最低限の時間ですので、標準設定しないようご注意ください。

・ストーリー設計と資料づくり↓1週間
・発表のスピーチ練習↓1週間

これくらいは最低必要になります。

また、昇進試験など出世に直結するようなプレゼンの場合は、しっかりとした原稿を書くほうが効果的ですので、さらに3〜5日が必要になります。

私は、常々「プレゼンは再現することだ」と言っています。

それは、プレゼンの本番中に気合を入れて、何か特別な力を発揮するのではなく、事前にどれだけ万全の準備を固められるかが勝負だということです。

本番の舞台では、準備した結果を落ち着いて再現するだけです。

つまり、プレゼンの勝負は本番が始まるとき、いや会場に入るときにもう決まっているも同然なのです。だからこそ自分の仕事の中での優先度を高めて、早め早めの準備が必要になるのです。

それからプレゼンで選ばれる人になるためには、資料づくりのプレゼンではなく、話すためのプレゼンをつくることも重要です。

相変わらず「プレゼン＝資料をつくること」と考える人が少なくありません。

昨今、巷にプレゼン資料作成に関する書籍が溢れていることが、それを証明しています。

まあとにかく資料で、膨大な時間と労力を費やしています。

そして、資料さえできあがれば安心して、あとは何とか喋れるだろうと楽観視した結果、見事に喋れず撃沈したという話はよく聞きます。

資料も大切な道具であり、決して無駄だと言うつもりはありません。

しかし、素晴らしい資料をつくったからといって、それで選ばれる人にはなれないのです。

資料はあくまで資料であり、一つの客観的な情報にすぎません。グラフや表や図解を並べた紙の上では、あなたの能力や姿勢や存在は表現できないのです。

やはり、プレゼンテーションの聴き手は、あなたの言葉を聴いているのです。

人は、人の言葉を聴くことによって共感したり、信頼したり、期待したりするものです。

したがって、選ばれる人になるためには「話すためのプレゼン」が欠かせないのです。

提案営業や競争入札で頻繁にプレゼンをする人以外は、「言葉でしっかり伝えること」はそう簡単にできることではありません。

選ばれるための貴重なチャンスを無駄にしないためにも、早め早めの準備をおこなわなければなりません。プレゼンの優先度を上げて成功させることで、組織の中における「あなたの優先度」が確実に高まるようになるのです。

POINT

・プレゼンには最低2週間の準備期間を取ろう
・本番では、準備したものを再現するだけ
・資料を見せるためのプレゼンは、もうやめよう

情報集めのプレゼンから、自分の考えを述べるプレゼンへ

「話すプレゼン」を成立させるために不可欠な条件があります。

それは、自分の考えを述べるということです。

そんな当たり前なことと思われるかもしれませんが、じつはこの当たり前なことが当たり前にできない人が増えています。

先述した「プレゼン＝資料をつくること」という誤った思い込みも手伝ってか、ビジネスの現場では、最初から最後まで単なる情報集めのプレゼンが蔓延しています。

どこを探しても、どこにもプレゼンター自身が存在していないのです。

「現状の背景、市場を取り巻く環境はこのようになっています」

「売上、利益の推移はこのようになっています」

「具体的な施策としてこのようなことを実行しました」

「その成果としてこのような結果になりました」

「以上です！」


といった具合です。

その一方で、

「それでどう考えたのか」

「それでどうしたいのか」

「それを踏まえて今後はどうするつもりなのか」

「どうすべきなのか」


といった自分の考えが述べられていないのです。

大事なことは、プレゼンの中で「私は」という一人称の主語を明確に打ち出すことです。

皆さんは、プレゼンの中で「私は」と言ったことがあるでしょうか。

プレゼンテーションは、大きく主観的な意見と客観的な情報の2つの要素から構成されなければなりません。

「私は」という主語に続く主観的な意見とは、聴き手の感情に訴えかけることで決断を引き出す役割を果たします。

一方で、データや事象などの客観的な情報は、主観的な意見が単なる思いつきや絵空事ではないことを裏付ける根拠として必要になります。

したがって、聴き手の理性に働きかけるものであり、あくまでもその意見が正しいか否かの判断材料に過ぎないのです。

つまり、プレゼンテーションとは、まず主観があって、それを支えるために客観的な情報が必要になるのです。にもかかわらず、なぜか客観的な情報だけを並べ立ててしまうので、面白みがなく、興味が湧かない、惹きつける力のないプレゼンが多くなるのです。

ちなみに、私はこれまでに上場企業などの大きな組織で社長や役員を経験されたことのある方20人以上と「社員の伝える力」についてお話をしたことがあります。

皆さん、社内でプレゼンテーションを聴くたびに「求めているのは資料なんかじゃない」「自分の考えや決意を聴きたい」と思っていたり、実際に口にしていたとのことでした。

たった20人の意見ではありますが、この傾向は多くのほかの会社にも当てはまるのではないかと思っています。

やはり、人は情報では選ばれない、自分の意見によって選ばれるのです。

ネットの中の情報の洪水や、スマホといった最新デジタルツールの進歩など、どんなに時代が変わっても「自分の考えを伝えるプレゼン」が求め続けられていくのです。

POINT

- まずは主観的意見から
- その後に客観的な情報を
- 聴いている側も、その人独自の意見を欲している

冒頭で「結論」と「アクション」を宣言しよう

「自分の話に興味を持ってもらうためには、どうすればいいですか?」

「話に最後まで飽きずに集中してもらうには、どうすればいいですか?」

こういった質問も、私のもとにはたくさん寄せられます。

とくに、社内プレゼンの場合は、皆さんそれぞれに仕事を抱えて忙しくしていますから、話し手と同じ集中力を持ってもらうのに苦労しているようです。

そこで、確実におこなわなければならないのが、プレゼンテーションの冒頭で結論とアクションを必ず宣言するということです。

念のため説明すると、こうです。

・結論↓「その話全体を通じて、聴き手に何を理解してほしいのか」ということ

・アクション↓「その話を聴いてどんな行動に結びつけてほしいか」ということ

前章でもお伝えしたように、話に結論が必要なことは言うまでもありませんが、それ以上に重要なのが聴き手のアクションです。

プレゼンはアクションに始まり、アクションに終わると言っても過言ではありません。

そして、結論はアクションがあるからこそ明らかになるのです。

わざわざ人に集まってもらって、一定の時間を使って話をするからには、聴き手に求めるアクションが必ずあるはずです。

最も端的な例が、社外での顧客への提案説明です。

一番の要求は、

「ぜひ当社の商品を購入してほしい」
「ぜひ当社への発注を決断してほしい」

というアクションでしょう。

また、そこに至るまでには、

「正式なお見積にあたり、詳しいヒアリングをさせてほしい」
「当社製品のデモンストレーションを見てほしい」
「決裁権のあるキーマンに話を上げてほしい」

といった、プロセスに応じたさまざまなアクションがあるはずです。
同じように、社内での企画発表や課題解決プロジェクトの発表でも、

「ゴーサインを出してほしい」
「各部門からメンバーを選出してほしい」
「今後の業務の流れを変更してほしい」

といったさまざまなアクションがあるはずです。

これらは「何のために話をするのか」「何のために聴いてもらいたいのか」というプレゼンテーション成立の大前提となるのです。

それを冒頭ではっきり示して、聴き手に役割を与えることで、興味があるとかないとか、飽きるとか飽きないとかいう問題ではなく、自然と緊張感が生まれるようになるのです。

そして、聴き手にそのアクションを実行してもらうためには、「結局のところ何を理解してもらわなければならないのか」と逆算で考えれば、自然と結論も導かれてくるようになります。

このようにどこに向かっていくのかを明らかにすることは、人をまとめ、引っ張っていくリーダーには欠かせない力となります。

プレゼンテーションはもちろんのこと、プロジェクトマネジメントや会議のファシリテーションでも、最終着地点を明確に定めるからこそ、周囲の人との意思疎通が図られ、協力が得られるようになるのです。

ところが、実際にはほとんどの人ができていません。

最初に挨拶をして、名前を名乗って、タイトルを言ったら「それでは早速……」といきなり話に入ってしまいます。

ゴールが明らかにされず、聴き手に何の役割も与えられないので、プレゼンに興味が持てず、途中で飽きてしまうのです。

プロジェクトも会議も円滑に進まないのは、当然のことと言えます。

だからこそ、これを確実にやればそれだけで一歩先に行くことができるのです。

POINT

- すべてのプレゼンはアクションから始まる
- アクションから結論を逆算しよう
- アクションが明確ではないから、聴き手が飽きてしまうのだ

メリハリは、2つのキーワードの対比から生まれる

プレゼンテーションの基本として「話は3つのポイントにまとめると、わかりやすくなる」というのを聞いたことはあるでしょうか。

最も端的な例が、スポーツに欠かせない「心・技・体」です。「心・技・体」の3つのバランスが取れたとき、最高のパフォーマンスが可能になる。

このように話を3つでまとめると理解しやすく、記憶にも残りやすくなります。

とても効果的で有効なノウハウですが、その発展形として、よりメリハリの利いた伝え方をご紹介します。

それは、2つのキーワードを使って対比する伝え方です。

これは、3つのポイントを並列で伝えるよりも、2つの相対する言葉を比べることで、

エッジが利いて記憶に深く入り込ませることができます。
たとえば、企業の魅力を伝える場合に、

①　技術力（業界トップ）
②　営業力（国内外に広いネットワーク）
③　人材力（徹底した専門性の追求）

といった具合に3つでまとめたとします。たしかにまとまってはいますが、インパクトがイマイチですね。では次に、相対する2つのキーワードでまとめた例です。

①　伝統＝創業当初から常に変わらず脈々と守り続けているもの
②　進化＝時代の変化に合わせて積極的に変わり続けること

伝統と進化は、相対する逆の意味を持ちます。変わらないものと、一方で常に変わり続けることを比較しているのです。

言葉が3つから2つと数が減ることによって、よりシンプルになります。

それと同時に、対比することでアクセントが付きます。

物事を伝えるときには、「白か、黒か」「今までと、これから」「行くか、止まるか」のように相対する考え方を打ち出すことで、潔さを表すことができます。

そして、潔さは決断力を体現することにもつながります。

これは、人の上に立つリーダーがリーダー然《ぜん》として存在するためには、大切な条件になります。日頃からこうした伝え方の工夫をしておくことで、周囲にほかの人とは一味違った印象を与えることができます。

ちなみに、実際のビジネスシーンではどうかと言うと、基本中の基本である3つのポイントすら実践している人はほとんどいませんので、すぐに取り入れれば一歩どころではなく、二歩も三歩も先を行くことができます。

まさに、この有名なノウハウもインプットしただけでアウトプットができていない典型例と言えます。

そして、この相対するキーワードを効果的に使うためには、日頃から言葉の意味に興味を持ち、頭の中に適切な言葉を巡らせる鍛錬《たんれん》が欠かせません。

目の前にある事柄や身の回りで起きる事象で構いませんので、常に2つの対照的なキーワードで整理する習慣を持つようにすることです。

私はよく「2つグセ」と言っていますが、無意識になるぐらい自分の中に定着させることで、いざプレゼンテーションとなったときに力が最大限に発揮されます。

一例をご紹介すると、**「具体と抽象」「客観と主観」「理論と実践」**という組み合わせが挙げられます。私は、どんなビジネスもこの相対する概念で構成されていると考えます。

「ビジネスには必ず具体的な目に見える商品やサービスがあり、それは顧客の満足や喜び、感動といった抽象的な価値を生み出すためのものである」

「どんな商品やサービスでも客観的な技術や機能、仕組みによって成り立っており、それが顧客の主観的な感情にいかに訴えられるかが重要である」

「技術や機能、仕組みの確固たる理論が確立されていることで現場での実践が可能になり、また実践からのフィードバックが理論の補強や修正につながる」


手短にまとめてみましたが、いかがでしょうか。

言葉の意味自体は、基本的で中学生でもわかるレベルです。

内容も書かれたものを読むと、ごく当たり前のことかもしれません。

しかし、意味を知っているか、内容が理解できるかどうかではなく、実際の物事に当てはめて説明できるかどうか、つまり意味を使えるかどうかが重要なのです。

ビジネスに限らず、人間関係やコミュニケーション、あるいは社会の出来事でも構いません。日頃から言葉の意味にこだわって物事を整理する習慣を取り入れてみてください。

POINT

- 対比する2つの言葉を使いこなそう
- 対比する言葉は、潔さを表わすことができる
- 日常から「2つグセ」をトレーニングしよう

他人の成功を考えると、緊張やあがり症が緩和する

皆さんは、大勢の人の前で話をするとき、緊張、あがり症で手足や声が震えたり、舞い上がって平常心を失ってしまったりということはありませんか。

緊張、あがり症は、日本人にとってかなり大きな問題で、どう対処したらいいかという相談を非常に多く受けます。

先に残念なお知らせですが、緊張を根本的に解決する方法はありません。

ただし緊張やあがり症を緩和するための方法は、一つあります。それは、プレゼンテーション発表において**「自分の成功ではなく、他人の成功を考える」**ということです。

これは、人の上に立つためにも重要な意義があります。

一般的に人前で緊張するタイプの人には、ある共通点があります。

「きちんと時間内に話し終えたい」
「噛まずにきれいに話したい」
「最後まで練習した通りに間違えずにやり切りたい」
といったように、自分がうまくできること、すなわち自分の成功ばかり考えているということです。そのため聴き手の存在や視線が、プレッシャーとなって押し寄せてきます。プレッシャーを感じれば感じるほど、ますますうまく伝えなければならないと自分を追い込んでしまい、緊張が高まっていきます。

つまり、緊張するタイプの人は、自分の成功を追い求めるあまり、緊張の悪循環を起こして、その渦の中に巻き込まれているのです。

そこで、成功の目線を自分から他人へと変えてみてください。

プレゼンテーションの目的とは先ほども述べた通り、聴き手に結論を理解してもらい、具体的なアクションに結びつけることです。

言い換えれば、聴き手に対して成功の還元をする行為です。

最も端的なのは、社外での顧客への提案です。

自社の商品やサービスのメリットや価値を理解してもらい、決断、購入というアクションに結びつけてもらうために一生懸命に伝えます。

また、社内の業務報告や事例発表では、自分自身の経験の中で、良かったことや悪かったことを共有することで、ほかの社員の今後の仕事に活かしてもらうというアクションに結びつけます。

こうしたプレゼンテーションの先にある聴き手の成功に目を向けて、その実現に意識を集中させるのです。プレゼンテーションの中には、聴き手を成功に導くための価値がたくさん詰まっているはずです。それを確実に共有することに専念するのです。

すると、「きちんと時間内に話し終えたい」「噛まずにきれいに話したい」「最後まで練習した通りに間違えずにやり切りたい」といった、自分レベルの成功の呪縛から解放されて、緊張やあがり症が緩和されていきます。

つまり、自分レベルの成功というものは些細なことでしかなく、聴き手に成功を提供するという本来の目的の重要性が上回るという、意識転換が働くようになってきます。

これは、プレゼンター内面の意識の問題なので極めて抽象的なことではありますが、プレゼンテーションの原点です。

そして、選ばれる人になるために重要な条件でもあるのです。

もしあなたの上に立つリーダーが物事を伝えるときに、自分の成功ばかりを追い求めて、緊張に打ちのめされていたらどうでしょうか。その姿に信頼や期待を持つことはできますか。**やはり、リーダーたるもの視野を広く持ち、常に先を見据えて、チーム全体の成功を考えることを求めるはずです。**

だからこそ、リーダーになって初めて意識するというのではなく、その前から体現することで、選ばれる人になりうる資質を表すことにつながるのです。

まさに緊張の緩和と自分アピールを両立する、一石二鳥の秘訣なのです。

POINT

- **自分のことばかりを考えるから緊張する**
- **相手に対してフォーカスすると、自分レベルの成功のステージを抜ける**
- **相手にフォーカスすることは、最終的に自分のアピールにつながる**

「質問が出ないプレゼン」を目指してみよう

さて、ここまでプレゼンテーションというチャンスを活かして大勢の中から選ばれ、出世するための秘訣をお伝えしてきました。

最後に、ぜひ目指していただきたい一つの目標を提示したいと思います。

それは、質問が出ないプレゼンテーションを目指すということです。

通常、プレゼンには質疑応答の時間はつきものです。必ずと言っていいほど、本編の発表の時間とは別に5～10分程度の時間が設けられています。

企業研修でも、質疑に対する効果的な応え方について解説してほしい、という要望も多いですし、個別指導でも質疑応答に関する相談が寄せられることが少なくありません。

つまり、プレゼンでは質問が出ることが前提になっていて、実際にそういう場面に遭遇した人が多いということになります。

ここで考えていただきたいのは、**質問とは聴き手が「もう少し詳しい説明が欲しい」とか「ちょっとよくわからなかった」ことの表れであり、極論を言えばプレゼンテーションに不足があったということになります。**

しかし、過不足なく聴き手が満足する伝え方ができれば、質問が出ないことも十分にあり得るのです。ぜひそういった完璧なプレゼンテーションを目標にしていただきたいと思います。

逆に、それが達成できれば、質問を前提としたその他大勢の人と明確な差別化をすることができ、選ばれる人になることができるのです。

これもプレゼンテーションを自分の武器にする上で大事な要素です。

ちなみに、私の研修やセミナーでは、本編の内容に関する質問はほとんど出ません。あったとしても、個人的な悩みや仕事内容によって異なる具体的な疑問や相談のみです。

また、かつて会社員時代の競争入札や提案営業でも、質問ゼロというプレゼンを何度も経験しました。

本編の発表が終わった後の「何かご不明な点などございますか」というフリに対して「いや、とくにありません。わかりやすいプレゼンでした」と言われて、スッキリ終えるというのもなかなか爽快なものです。ぜひ皆さんにも体感していただきたいと思います。

では、どうすればそれが可能になるのかと言うと、この章でお伝えしてきたことを確実に実践していただくことに尽きます。

- 単なる情報集めではなく、自分の考えをはっきりと伝えること
- その裏付け根拠として、理由をしっかり述べること
- 最初に結論とアクション、すなわちゴールを明確にすること
- 2つの対照的なキーワードを使ってメリハリをつけること
- 自分レベルの成功ではなく、他人＝聴き手の成功を考えること

これらが結びつくことによって、質問ゼロの完璧なプレゼンテーションに近づいていきます。

なかには、質問が何も出ないと、興味なかったのかと不安に感じる人も多いようですが、大丈夫です。もう一度繰り返しますが、聴き手がしっかり理解できれば質問は出ませんし、それでいいのです。そして、質問が出ないプレゼンテーションは、聴き手が十分に理解できたということですから、プレゼンターである自分の成功ではなく、他人の成功を実現したことにほかならないのです。

プレゼンテーションは、ビジネスにおいて特別な場であり、貴重な機会です。大勢の聴き手があなたの言葉、あなたの存在に注目してくれます。だからこそ、見事にやり抜いて自分の実力をアピールすることで、選ばれる人、出世する人になっていただきたいと思います。

POINT

- プレゼンとは、質問が出ることが前提である
- しかし質問が出るということは、完璧なプレゼンではなかったということ
- 質問ゼロのプレゼンは、ライバルとの究極の差別化になる

第5章

「資料」で説得できる人の伝え方

「資料の情報が多い＝一生懸命がんばった」と勘違いしない

それではここから、説得力のある資料づくりについて説明したいと思います。

繰り返し述べている通り、伝え方の中心は話すことであり、資料はあくまでも補助に過ぎません。

とは言っても社内、社外の実務において資料はつきものです。ですから、補助は補助なりにポイントを押さえて、うまく活用すればその他大勢から抜け出すことができます。

まず最も大事なことは、資料の情報は重要な事柄だけに絞り込む、そして枚数もできる限り少なく抑えることです。

とにかく情報は少ないほうが相手の記憶に残ります。

「この件について重要なポイントは8つあります」と言われても、とてもすべてを記憶することなどできませんし、そもそも覚える気力が湧きません。

それよりも「大事なポイントはこの2つだけ」とか「とにかくこの一点に尽きます」と少ないほうが頭の中に残りやすくなります。

そして、何よりもこの思い切って絞り込む潔さが、選ばれる人になるために大切な条件となります。

別に、ポイントは8つだろうが9つだろうが、社内規定で決まっているわけではありませんから、誰もその数に対して文句を言う人はいません。

だからこそ、そこでいかに自分の基準を設けて勇気を持って絞り込めるかが勝負なのです。資料づくりとは、まさにその姿勢の表現そのものと言えるのです。

資料をつくることと受け取ることは、まさにマジックです。

他人のつくった資料が、枚数も多く、小さな文字で膨大な情報を詰め込んでいたら、見るだけでうんざりしてしまいます。

ところが、立場が変わっていざ自分が資料をつくるとなると、なぜかあれもこれもと多くの情報を詰め込んでしまいます。

勝負の分かれ目は、自信と思い切りです。

「とにかく答えはこれなんだ」「重要なポイントはこれだけなんだ」と、自力で答えを導き出したら、その自分の考えに自信を持たなければなりません。

悪しき上司、悪しき社風の影響でしょうか、**「資料はできるだけ厚みを持たせて、情報はなるべくたくさん盛り込まなければ」という、真逆の誤った考え方を持つビジネスパーソンも少なくありません。**

20~30代の若手世代には少ないのですが、40~50代のいわゆる団塊ジュニア世代、バブル世代と言われる人たちに多い傾向があります。

私は、この話に触れるとき、いつも「働き方改革」とのつながりを考えます。

資料の枚数と情報が多い人たちは、いまだに仕事を量で評価しています。

寝る間も休む間も惜しんで、できるだけ会社にいること、デスクに向かっていることが、一生懸命に取り組む姿勢だと思い込んでいます。

これは、いわゆる昭和型の古く誤った考え方です。

しかし、仕事のやり方において、最も高く評価されるべきは生産性であり、短い時間の中でどれだけ効率的に成果を生み出すことができるかが勝負なのです。

資料づくりもまったく同じことです。

絞り込んだ情報から、どれだけ大きな成果を生み出すことができるかは、「働き方改革」が実現されるこれからのビジネスシーンで選ばれる人になるために、そして量で評価する古い人たちを押しのけるために、欠かすことのできない、極めて重要な能力となるのです。

まずは、この資料づくりの出発点を間違えないようにしてください。

POINT

- **資料の枚数は少ないほどいい**
- **思いきってポイントは絞り込む**
- **生産性を意識しよう**

「要約を見せる資料」をつくろう

「わかりやすい資料をつくるには、どうしたらいいですか？」

これは、私が最も多く受ける資料づくりに関する質問です。

細かい具体的なポイントというよりは、そもそも根本的な資料のあり方がよくわかっていない状況が表れています。いくら自分の考えを思い切って絞り込めたとしても、それを紙の上にわかりやすく効果的に表現できなければ、まったく意味がありません。

まず結論から言うと、わかりやすい資料、効果的な資料とは、「要約を見せる資料」のことを指します。

資料の最も基本的な役割として「記録」ということがあります。

業務報告、会議、商談打合せ、プレゼンといった場面で、資料を一切使わずに言葉による説明だけだとしたら、聴き手には酷な話です。

言葉は音声であり、その場で消えてしまいますから、目に見えない情報を頭の中に確実に記憶してもらうしかありません。それはほぼ不可能に近いですし、後で「言った、言わない」の争いに陥《おちい》らないためにも、伝達内容を紙の上に記録した資料が有効に機能します。

しかし、この「記録」としての役割だけを考えていると、いくつかの問題が発生します。

まず、自分が伝えたいことをそのまま書いてしまうので、文章中心の冗長な内容になりがちです。また、話のポイントが変わるたびに改ページしてしまう傾向があり、気づくと資料の枚数が多くなっているという状況に陥ります。

そこで、「要約を見せる」という、もう一つの役割が重要になってきます。

たとえば、顧客への提案資料の構成として、①現状課題、②解決策、③期待効果の3つを考えた場合、それぞれを1ページずつに割り振って3枚にしがちです。

それだけならまだしも、ご丁寧に「現状課題その1」「その2」「解決策その1」「その2」「その3」……と5枚、7枚、10枚という資料も珍しくありません。

そこで、思い切って1枚の中にすべてをまとめることを考えてみるのです。

すると、説明が①→②→③と進んで言葉が消えていっても、目には常に3つの項目が見えているので、全体像を把握しながら理解することができます。

つまり、耳による言葉の理解を、目が補足するという連動効果が生まれるのです。

これが、「要約を見せる」という役割です。

また、1枚の中に複数の項目をまとめることから、一つひとつの項目のスペースは自然と限られてきます。その結果、必然的に重要な情報のみに絞り込まざるを得ないと同時に、図解によって構造や関係性を表現するという効果も生まれます。

このように要約を見せることによって得られる、

「耳を目が補足するという連動効果」
「重要な情報への絞り込み」
「図解による構造や関係性の表現」

の3つが、わかりやすい資料、効果的な資料の定義ということになります。

「記録」から「要約」への極めて単純な発想転換なのですが、実務においては意外にも多くの人の盲点となっています。

「耳で言葉を聴くこと以外に、なぜ目を使って見せるのか」という根本を押さえずして、どんなに図解パターンを学習したり、デザインセンスを磨いたりしても、相手に喜ばれる資料にはならないのです。

どれだけ基本をしっかり見つめるか、どれだけ相手のことを考えているかは、資料においても非常に重要な要素となるのです。

POINT

- **記録ではなく要約をしよう**
- **資料は1枚にまとめる努力をしてみよう**
- **耳による言葉の理解を、目が補足するという基本を思い出せ**

「発表時間÷2」を、資料枚数の上限に設定する

「先生、資料は何枚ぐらいにすればいいですかね？」

この質問も、企業研修、セミナー、個別指導とさまざまな場所で多く寄せられます。

上司への報告、会議での発表、取引先への提案など、あらゆるプレゼンの場では説明時間が厳密に決められています。

たとえ一対一や一対少数といった説明の場合でも、おおよその時間を想定するものです。

持ち時間が決められていたら、オーバーすることは絶対許されません。

仮に制限時間がなかったとしても、長々と説明し続けることは、相手から歓迎されるものではありません。

したがって、説明時間に対して枚数の上限を設定して、なんとかその中に収めようとす

る意識が重要になります。これは、前述した要約を見せることとも重なってきます。

具体的な枚数としては「発表時間÷2」を上限に設定します。

ですから、10分の場合はどんなに多くても最大5枚、15分であれば7〜8枚以内に収めるという計算になります。

これはあくまでも上限であって、できるだけ枚数を少なくする、すなわち1枚にできるだけ多くの時間を割くほうが、簡潔な資料であることは言うまでもありません。

私は、これまでにプレゼン用のスライドを中心に、膨大な資料に対してチェックとアドバイスをしてきましたが、1枚につき1分、つまり10分なら10枚、20分なら20枚というボリュームでつくられているものを多く見受けます。

しかし、これははっきり言って多すぎます。

もしそれ以上の枚数でつくっていたとしたら、残念ながら論外で、話にならないと言わざるを得ません。

資料の枚数が多い、つまり1枚に割り当てる時間が少ないと、余裕がなくなり、どうしても資料の読み上げだけで精一杯になってしまいます。

話し手がスライドばかりを見つめていて、聴き手と目を一度も合わせずに必死に説明している場面をよく見かけます。

これではどんなに立派な内容を話していても、聴き手の側からすると一方的に自分中心の話をしているようにしか見えなくなってしまいます。

そうならないためにも、資料の枚数をなるべく少なく抑えて、1枚にできる限り多くの時間を割り当てるようにします。だから要約が欠かせないのです。


参考までに私の例を挙げると、研修やセミナー、あるいはそのための提案営業などでは資料1枚につき5分という目安を設定していて、そのうち3分は、聴き手の目を見ながら説明することを徹底しています。


極論を言うと、資料では自分の魂は表現しきれません。

資料ではつくり手の存在感を示すことはできないのです。

とくに、選ばれる人、任される人として、その他大勢の中から抜きん出るためには、どれだけ自分の言葉を聴き手に直接語りかけられるかが勝負です。
説明時間に対する枚数を考えることは、何となく大雑把な目安を設けることではなく、自分の存在感を示すことにつながるのです。

POINT

- 10分の発表時間の場合は、資料は最大でも5枚に収めよう
- 1枚に割り当てる時間が少ないと、余裕がなくなる
- あくまで直接語りかけることに、力を込めよう

1スライドは「タイトル」→「メッセージ」→「理由」で構成する

さて、ここまで資料の役割や構成といった概要について説明してきましたので、ここからは作成方法の具体的なポイントに入っていきたいと思います。

まず、最初は1スライドのレイアウトです。

1スライドは、タイトル↓メッセージ↓理由という大きな流れで構成します。

この組み合わせは、業務報告から企画立案、顧客提案まで、どんなテーマにも通じる共通パターンとして使い回すことが大切です。

とにかく最初はタイトル、つまり「この1枚は何の話題についての説明なのか」を明確にします。

トピックの論点がはっきり掴めなければ、相手は理解のしようがありませんから、簡潔

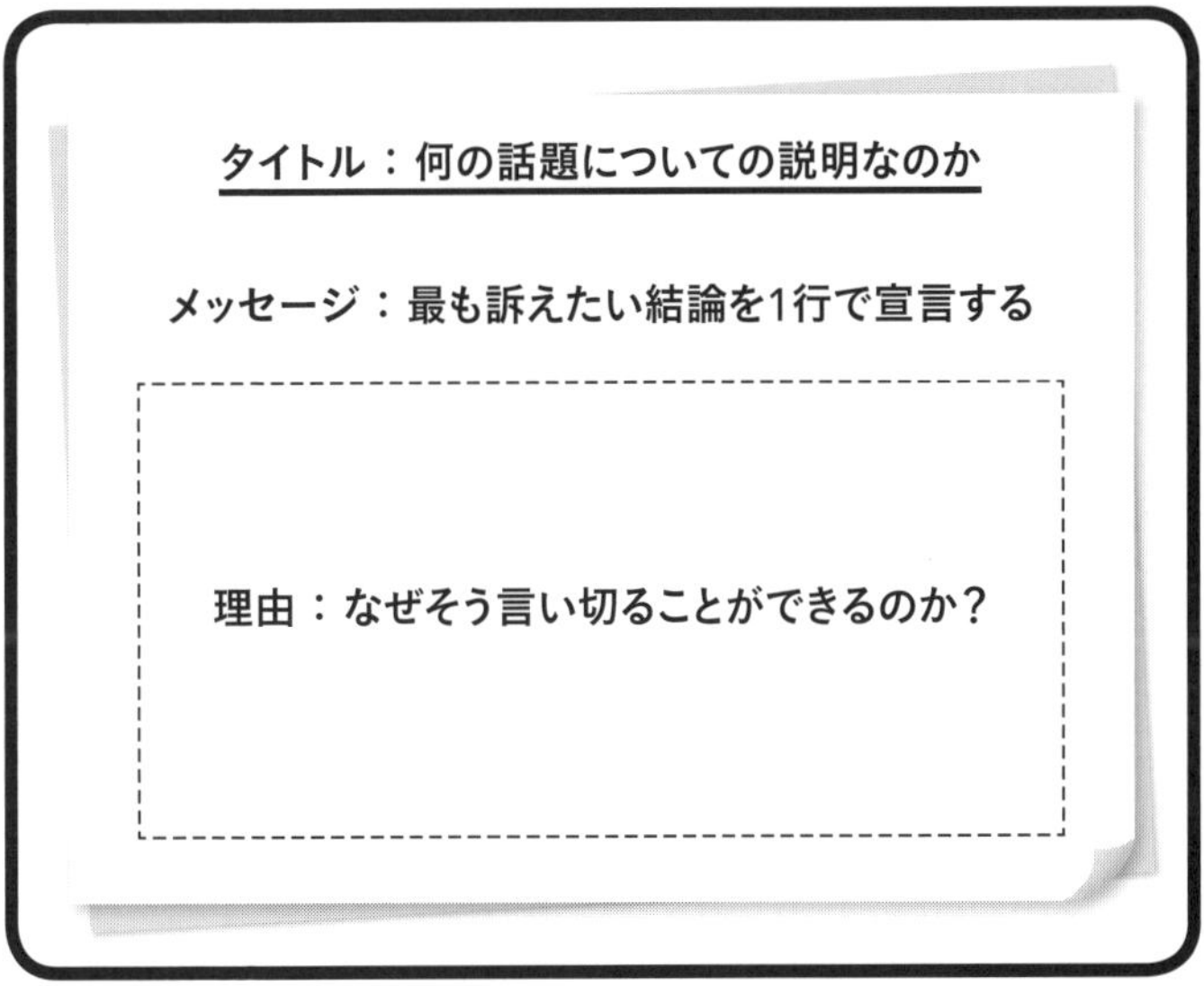
タイトル：何の話題についての説明なのか
メッセージ：最も訴えたい結論を1行で宣言する
理由：なぜそう言い切ることができるのか？

にまとめます。

たとえば、本書で今説明しているこのトピックでしたら「1スライドの構成方法」、一つ前のトピックなら「適切な資料枚数の計算方法」といった具合になります。

その次はメッセージ、つまりそこで最も訴えたい結論を宣言します。

ここは30文字以内、長くても35文字以内にまとめ、資料の上に1行で明記します。

よく資料の下側に書いてあったり、2〜3行に長くなっていたりするケースを目にしますが、「上に」「1行」を徹底してください。

ちなみに、皆さんがこれまでつくってきた資料を思い返してみてください。

メッセージを明らかにすることなんて考えもしなかったという人がいたら、トピックの結論がなかったわけですから、残念ながらプレゼンテーションが成立していなかったと言わざるを得ません。私が見たところ、ビジネスパーソンの8〜9割近くができていませんでした。ですから、この点を徹底するだけでもメリハリのある伝え方ができて上位20％以内に入ること間違いなしです。

ちなみに、このトピックを例にすると、タイトル「1スライドの構成方法」に対するメッセージとして「3つの構成を使い回せばどんな説明でも必ずわかりやすくなる」（28文字）となります。

一つ前のトピックでは、タイトル「適切な資料枚数の計算方法」に対するメッセージとして「発表時間÷2を枚数の上限として、なるべく少なく抑えるようにする」（31文字）となります。

そして、最後の3つ目のステップとして理由をまとめます。ここは、メッセージに対して「なぜそう言い切ることができるのか？」を立証するための理由になります。

これは、なぜ自分がそう考えたのかを聴き手に納得させるプレゼンの肝となります。

あらためて3つを組み合わせると次のような流れになります。

「ここでは、（タイトル）についてご説明します」
「ここで最も重要なことは、（メッセージ）ということです」
「では、なぜそう言えるのか（理由）を詳しくご説明します」

この基本的な構成を定型フォーマットと考えて使い回すことで、資料作成時間を大幅に短縮することができます。また、説明順序が上から下へと明確になるので、発表があっちこっちに飛ぶことがなくなります。シンプルに伝えるために、このように整理しましょう。

POINT

- **いちばん上に「タイトル」**
- **真ん中に「メッセージ」**
- **いちばん下に「理由」**

メッセージは、相手が主語でなければ意味がない

前項のメッセージには、もう一つ大切なポイントがあります。

それは、相手を主語にするということです。これは、顧客提案や企画立案といった課題解決や目標達成のための資料において、気をつけなければならない点です。そして非常に残念ですが、ほかのポイントと同様にほとんどの人ができていないのが現実です。

先ほど80％以上の資料において、メッセージがないためにプレゼンが成立すらしていないという話をしましたが、主語を相手にしていないという点を加えると、その割合は95％にまで上がってしまいます。

仮にメッセージがあることを前提としても、ほとんどの場合、相手ではなく自分が主語になっているのです。

顧客への提案資料で、自分主語のメッセージの典型例をご紹介します。

- 弊社は、このような歴史と安定した経営基盤を持った企業です。
- 弊社の主な実績としては、このような案件がございます。
- 弊社の製品には、このような特長があります。
- 弊社の技術力には、他社と比べてこのような独自性と強みがあります。
- 弊社のシステムは、このような仕組みによって動いています。
- 私たちは、今回のご提案についてこのような体制で臨んでまいります。
- 緊急時には、私たちはこの体制で現場の確認と復旧にあたります。

いかがでしょうか。

「弊社」「私たち」とすべての主語が見事に一人称＝自分になっています。

こうしたプレゼンテーション資料はじつに多いのです。

当然、口から出てくる言葉の説明も同じように主語は自分になってしまいます。

聴き手と目線を合わせることとはほど遠い、自分目線で自分中心の一方的な説明になってしまいます。

そして、この自分主語のすべてに対する聴き手のツッコミは一つです。

「あなたたちが素晴らしいこと、一生懸命取り組むことはわかった。その結果、私たちはどうなるの？」です。

つまり、自分たちの優位性や取り組みはあくまで前提であって、その結果として相手にはどのようなメリットや価値が手に入るのかを伝えなければならないのです。

それをメッセージにしなければならないのです。

- 弊社の歴史と経営基盤によって、貴社（お客様）は――
- 弊社にはこのような実績がありますから、貴社（お客様）は――
- このような弊社の製品の特長によって、貴社（お客様）は――
- このような弊社独自の技術力によって、貴社（お客様）は――
- 弊社システムのこうした仕組みによって、貴社（お客様）は――

・私たちのこうした体制によって、貴社（お客様）は――
・緊急時における私たちのこの体制によって、貴社（お客様）は――

いかがでしょうか。

ちょっとした違いですが、提案や企画においては非常に重要なポイントです。これは、説得力を出せるかどうかについても決定的な違いとなります。

ただ冷静になって俯瞰《ふかん》的に見れば当たり前のことです。

提案や企画、そしてプレゼンテーションは相手に成功をもたらすための取り組みですから、相手を主語にするのは当然の話なのです。

POINT

・ほとんどの資料とプレゼンが「自分主語」になっている
・相手にはどんなメリットがある？
・自分の資料やプレゼンを、第三者的な目線で俯瞰して見てみよう

スライドに装飾や動きは一切必要ない

それでは次に、資料づくりでのＮＧポイントを、２つ取り上げたいと思います。
第４章のプレゼンスキルと合わせて、伝え方の基本ができていないにもかかわらず、なぜか効果のないことだけはしっかりやってしまうという逆転現象をよく目にします。
心当たりのある方は、次からは絶対に手を出さないように気をつけてください。

まずは、無駄な装飾です。

その中でも一番多いのが文字の装飾です。

太字、下線、斜体を使っている人が多いですが、意味がありませんし、むしろ見づらいだけなので絶対に使わないようにしてください。

最も残念なケースとして、太字にして、下線を引いて、さらに斜体にするというトリプルNGの資料も少なくありません。

加えて「反射」や「光彩」といった効果も効果がありませんから、手を出さないようにしてください。

こうした装飾、つまり表面上の強調と相手の理解には何の結びつきもなく、ただの自己満足でしかありません。

これまでお伝えしてきた、

「自分の考え」
「タイトル、メッセージと理由の組み合わせ」
「キーワード」
「要約」

といった基本がしっかり押さえられていれば、装飾などしなくても、物事は確実に伝わります。

そして、次に無意味で不必要なのが、アニメーションや画面切り替えといった動きです。

思わず「今どきそれ?」「いまだに使ってるの?」と言ってしまいますが、これも残念ながら多用している資料は少なくありません。

まずアニメーションですが、動きと相手の理解には何の関係もありません。むしろ文字や図形がピュンピュン動くのは、落ち着きがなくて鬱陶《うっとう》しく、集中できませんので、使わないようにしてください。

今から15年前、20年前でパワーポイントがまだ珍しかった頃は、「こんな技もあるんだぜ」とばかりに得意気に使ったものですが、さすがに今は時代が変わっています。

そして、動きと言えばもう一つあります。画面切り替えです。

これこそ相手の理解には何の関係もなく、つくり手の自己満足のトップレベルと言えるものです。

スライドを切り替えるたびにキラキラやヒラヒラを見せられると「それはいいからさっさと次行って!」と心の中でみんな思っていますから、絶対にやめてください。

繰り返しになりますが、伝え方の基本ができていない人ほど、こうしたプラス効果がない、むしろ**マイナス効果につながることに時間と労力を費やしてしまっています。**

小手先の技を使ってばかりいると相手に鬱陶しい印象を与えるだけでなく、いつまでも「現場作業の臭い」が抜けきれず、その他大勢から選ばれる人の貫禄も出ません。

心当たりのある人は、その分の時間と労力を伝えることの本質である「考えること」に充てていただきたいと思います。

POINT

- **文字の装飾はやめよう**
- **画面に動きは必要ない**
- **効果のないものに、無駄な労力は使わない**

文章を書かないほうが、相手の記憶に残る

「先生ってプレゼンのプロなんですよね？　プロと素人がつくる資料の最大の違いって何ですか？」

これは以前にプレゼンの個別指導で受けた質問で、あらためて根本を考える、いいきっかけとなりました。

そこで、いつもの資料のチェックやアドバイスを振り返ってみて気づいたのが、「みんな文章が好きだなー」ということです。

つまり、素人の資料には文章が多く、プロの資料には文章がほとんどないというのが、決定的な違いです。

もちろん、ワードやエクセルなどでつくる報告書や仕様書の場合は、文章が中心になり

ますが、ここではパワーポイントを使ったスライドについて定義します。

プレゼンテーション研修を実施するための事前ヒアリングにおいては**「会議での説明でも企画発表でも、下を向いてただ資料を読み上げるだけの社員が多くて困っている」**という話を聞くことも多くなっています。

その原因は極めて単純で、文章を書くから、それを読んでしまうだけのことです。

最初から文章など書かなければ、読み上げるものが目の前にありませんから、自然と聴き手を見て自分の言葉で説明できるようになります。

では、文章の代わりに、私は何を使って表現しているかというと、語句、すなわち簡潔なキーワードです。

さらに言うと、一つの単語よりは複数の言葉を組み合わせると、あらゆる物事を効果的に表現することができます。

つまり、伝えたい事柄をキーワードに凝縮して、その背景や仕組み、あるいは例など具体的な内容は口を使って、言葉で説明するというように組み合わせています。

たとえば、ここで説明している内容をいくつかのキーワードで表現すると、

「資料づくりプロと素人の違い」
「文章を書かない資料」
「キーワードへの凝縮」

となります。

つまり、資料の上の言葉としてはこの3つのキーワードのみを記載して、それ以外は図解や画像、あるいはグラフといった視覚に訴える表現を組み合わせます。

そして口を使って自分の言葉で説明します。

これが、プロと素人の資料の違いであり、わかりやすく伝えて聴き手の記憶に残すための秘訣なのです。

やはり、情報は短く凝縮されているほうが、相手の記憶に残ります。

ダラダラと文章を書き綴《つづ》るよりも「重要なのはこの言葉です！」という思い切った宣言

の潔さから説得力は生まれるのです。

そして、キーワードは誰も教えてくれません。ネットにも書かれていません。**自分で勇気を持って「この言葉だ！」と打ち出すしかありませんから、自分の言葉として伝えることができるのです。**

「とりあえずいろいろ書いておくほうが安心する」という気持ちがつい先走ってしまいがちですが、そこはグッと堪《こら》えなければなりません。

自信と思い切りを持つことは選ばれる人、任される人になるための鍛錬でもあるのです。

POINT

- **資料に載せる言葉は、極力少なく！**
- **キーワードだけ書こう**
- **残りは口で説明しよう**

言葉が主、資料は従であることを肝に銘じる

さて、ここまで説得力のある資料をつくるための秘訣をご紹介してきました。

大事なことは、どんな説明であっても言葉が主であり、資料は従であるということです。**あくまで資料は言葉の説明を支えるための補助であるという認識を持って、補助ツールとしての役割を果たすということです。**

会議、企画発表、提案営業など物事を説明する場面では、とにかく資料のことばかりが注目されています。とにかく資料がすべて、資料さえつくれば仕事が完了すると思っているかのようです。

研修でのアンケートが、その状況を鮮明に表しています。

業種、職種に関係なく、どこの企業にお伺いしても、回答の約半数が資料づくりに関す

る疑問や悩みです。

・効果的なわかりやすい資料をつくるにはどうすればいいですか？
・相手が理解してくれるか不安になり、あれもこれもとたくさんの情報を詰め込んでしまうのですが、どうしたらいいですか？
・色使いや図形の選び方などデザインセンスがないのですが、見栄えをよくするための方法を知りたいです。
・パワーポイントの効果的な使い方を知りたいです。

大事なことは、効果的な資料の、本来の効果の意味を正確に捉えることです。

「主」である言葉の伝達を補助するための「従」としての資料をつくって、「主」と「従」がうまく組み合わさったときに、はじめて効果的に伝えることができるのです。

とくに組織の中で選ばれる人、任される人になるためには、何でもかんでも資料中心の伝え方から脱却しなければなりません。

細かい情報やデザインセンス、パワーポイントの機能などにこだわらず、「資料はあくまで資料に過ぎない」と、いい意味で力を抜いて取り組むことです。

その分の力を自分で考えること、自分の言葉を発信することに振り向けたときに、より効果的な伝え方になって相手を説得することができるようになります。

POINT

- **資料はあくまで補助ツールである**
- **「資料至上主義」は卒業しよう**
- **「しょせん資料だし」くらいの余裕を持とう**

第6章

「会議」で一目置かれる人の伝え方

会議はあらゆる実力をアピールできる絶好のチャンス

それでは、ここからは会議での効果的な伝え方によって、その他大勢の中から選ばれる人、任される人になるための秘訣をご説明したいと思います。

じつは、会議はプレゼンテーションと並んで、いやプレゼンテーション以上に自分のスキルと存在感をアピールする絶好のチャンスと言えます。

皆さんは、会議と聞いてどんな印象を持つでしょうか。

一般的には「とにかく長い」「つまらない」「単なる時間の無駄」など、会議を否定的に捉えている人は非常に多いと言われています。

私は、効率的で価値ある会議をおこなうための組み立て方や、進め方に関する研修やセミナーもおこなっていますが、参加者から次のような悩みを聞くことがあります。

「遅刻者が多く、時間通りに始められない」
「出席はしても、何も発言せずにただ座っている人が多い」
「パソコンで自分の仕事をしていて、まったく参加してない人さえいる」

ビジネスパーソンとしての資質そのものを疑ってしまうような酷い状況ですが、これは決してごく一部の話ではないというのが現実なのです。

逆に言えば、会議という場は改善という宝の山であり、黒を白にひっくり返すポイントはいくらでも存在しているのです。

だからこそ、その他大勢の人の捉え方に同調することなく、前向きに捉えることでステップアップのためのチャンスにすることができます。

最初は、周囲から浮いて見られる違和感を覚えるかもしれませんが、出世するためにはそんなことでいちいちうろたえている場合ではありません。

では、会議で具体的に何をアピールすべきかと言うと、大きくは次の5つになります。

・円滑な話し合いのために万全な準備をする段取り力
・さまざまな事象やデータから問題点とその原因を導き出す分析力
・その問題点に対して有効な解決策を示す提案力
・他者の意見を平等に聞き、自らも考えを述べるコミュニケーション力
・すべてを含めて会議体を引っ張っていく統率力

いずれも会議に真剣に取り組み、効率化を図るためには必要不可欠な力です。

これらの実力にまだ自信がないという人は、その力を養成し強化するための訓練の場にすればいいのです。

せっかく同じ時間を過ごすのですから「長い」「つまらない」「時間の無駄」と言ってただ座っていたり、まったく関係ない仕事にコソコソと精を出したりでは、あまりにももったいないと言わざるを得ません。

そこを自分の実力で「短くて」「有意義で」「価値ある時間」に変えることができる絶好

のチャンスが、目の前に転がっているのです。

否定から肯定に、消極から積極に、受動から能動に、まずは会議に対する意識を変えることから始めることです。

その気概なくして選ばれる人、任される人になれるはずがないことは、言うまでもありません。

POINT

- **誰もが会議を嫌がっているから、逆にチャンスなのだ**
- **段取り力、分析力、提案力、コミュニケーション力、統率力をアピールせよ**
- **会議を価値ある時間に変えよう**

議事進行役は積極的に買って出よう

では、会議に対する意識を切り替えるとして、具体的にどのようにチャンスに変えていくか。それには大切な条件が一つあります。

それは、なるべく議事進行役になるということです。

自ら積極的に手を挙げて、一つでも多くのチャンスを勝ち取ることです。

まさにプレゼンテーションにおけるプレゼンターと同じで、まずはそこから始めなければなりません。

会議を活用することで、組織のその他大勢の中から選ばれる人になるわけですから、当然のことと言えます。

「それでは、この会議は私が進行役を務めます！」

仕事場でこう発言する人は、ほとんどいません。

だからチャンスなのです。

進行役であれば発言したからといって、止められることも怒られることもまずありませんから、思い切って声に出してみましょう。

会議自体が嫌われる場ですから、進行役も嫌われ役で、誰もやりたがりません。

しかし、役割として嫌われているだけで、あなた自身が人として嫌われるわけではありませんから、心配いりません。

そうして次々と進行役に挑戦していって、いつからか「あの人は会議の進め方がうまい」「あの人の会議は早くて明快だからいい」と言われるようになれば、しめたものです。

「会議の司会はアイツに任せろ！」と先輩や上司から命じられるようになれば、さらに理想に近づきます。

さらに、あなたの会議の進め方がお手本となって、その他大勢の人の中から議事進行役に立候補する人や、効率化を積極的に目指す人が現れはじめたら、影響はかなり浸透《しんとう》していると言えます。

そのために会議の中で具体的にどう伝えるかは、この後、詳しくご説明します。

まずは、議事進行役を買って出るという目標を掲げてみましょう。

多くの人が消極的になる場や役割に対して、あえて目標を持って取り組む姿勢こそが、選ばれる人になろうとする志を伝えることにほかならないのです。

POINT

- **会議の進行役は、その他大勢から抜け出すのに手っ取り早い手段**
- **進行役という大義名分のおかげで、自由に発言ができる**
- **「会議の進行役なら、君に任せる」を目指そう**

意見を出すことと、結論を決めることは、同時におこなわない

それでは、実際に会議の中で一目置かれる人になるための伝え方を、具体的にご紹介していきたいと思います。

まず、最初に会議がダラダラと長くなる理由から考えていきます。

極めて単純なことではありますが、そこに気づかずに一向に効率化されない会議が非常に多く存在しています。

それは、意見を出すことと結論を決めることを同時におこなって、議論があっちに行ったりこっちに来たりと右往左往していることです。

皆さんはこんな場面に遭遇することはありませんか。

議題に対してある人が「Aというのはどうだろうか?」と意見を述べます。

そして、会議の中でAについて賛成や反対の議論が展開されます。

わりと早めにAという考えについて全員の賛成が得られればいいのですが、いろいろと考慮しなければいけない点も多そうです。

すると、今度は別の出席者から「ではBというのはどうかな?」と新たな意見が出されます。ふたたび同じように賛成、反対の議論がなされますが、これも即決とはなりそうにありません。

すると、また別の出席者から「C案」が出されて同じような循環が起こります。

そうこうしている間に「それだったらさっきのAがよかったのでは?」と、振り出しに戻ることも少なくありません。


このように一つひとつ意見が出されて、その一つひとつに対して全員で議論をするという進め方が、会議がダラダラと長くなる最も基本的で最もよく見られる問題点です。

そこで、会議を効率的におこなうためには「意見を出すなら出す、出されたものについて決めるなら決める」を、はっきりと分ける必要があります。

理想的なのは「今日は意見を出す」、それを受けて「次回は結論を決める」というように日を分けることです。

そこまで余裕がなく、どうしても一日の中で決めなければならない場合でも、時間帯を明確に分けると議論にメリハリがつきます。

現実的にはさまざまな議論を交わした上で、次々に新しいアイデアが湧いたり、振り出しに戻ったりすることはもちろんあります。それを否定するつもりはありません。

しかし、出すことと決めることに何の道筋もつけずに、会議全体が右往左往するのは非効率と言わざるを得ません。

何よりもそうした延々と続く先の見えない時間こそ最も精神的な疲弊が大きく、「会議＝つまらない」「会議＝時間の無駄」という悪しき観念を生み出しているのです。

ですから、もし進行役になることがあったら、この点にメリハリをつけるだけで議論の流れがかなりスムーズになります。

仮に進行役ではなく、出席者の一人である場合でも**「まず先に全員で考えられる意見を出し尽くしてから、どれが最適か決める議論をしませんか？」**と声を掛けてみると、会議の生産性向上に貢献することができます。

とくに、さまざまな部署から出席してくる会議では、それぞれ業務事情を抱えているために、議論の中身ばかりに集中しがちで、進め方自体に目を向ける人は意外に少ないものです。

だからこそ、その点に一声掛けることは、会議における大事な伝え方であり、一目置かれること間違いなしなのです。

POINT

- **意見を出す日と結論を決める日は、別日にするのが理想**
- **延々と続く会議は、精神的疲労が大きい**
- **進行役が道筋を声掛けしよう**

会議にメリハリをつける4つのステップ

それでは、さらに会議の流れにメリハリが生まれるポイントをご紹介します。それは、

①「抽出」
②「検討」
③「決定」
④「確認」

という4つのステップを明確にすることです。

会議を大きく捉えると、たとえどんな議題であっても、この4つの作業をおこなってい

るに過ぎません。だからこそ**進行役になったら、4つのステップのうち、今どこにいるのかを迷わせることなく、出席者を引っ張っていくことが大切なのです。**

この4つの流れを考えるとき、私はいつもインターネットでの買い物を思い出します。たとえば、ネットで新しいお財布を買おうとした場合、まず「財布」とか「財布　メンズ」など、大まかなキーワードを入力して候補の一覧を表示させます。

その中から色や形、使い勝手や価格などを検討して、最終的に購入する商品を決定します。

加えて配送先や支払い方法を含めて確定しますが、それだけでは終わりません。最後にもう一度すべての情報が表示されて「本当にこれでいいか？」という確認がなされて、やっと購入というプロセスが完了します。

会議にもこれと同じようなプロセスがあります。

まず一つの議題に対して出席者から意見を「抽出」します。

そして「抽出」された意見について、さまざまな視点から「検討」をおこなって、最適なものを結論として「決定」づけます。

「決まってよかった」と安心したいところですが、ここで終わらせないことが重要です。まさにネットでの買い物のように「これで決まりました。よろしいですね！」と念を押すように、もう一度「確認」をして、一つのプロセスの完了とします。

この4つのステップ「抽出」「検討」「決定」「確認」を、一つひとつ明確に分けることが大切です。

あたかもネットの画面表示がパッパッパッと切り替わるかのように機械的に区切っていくことで、議論の流れにメリハリをつけることができます。

この中でとくに重要なのが、最後の「確認」のステップです。

「これで決まりました。よろしいですね！」

この念押しをはっきりと言葉に出して確認します。

「たった今話し合ったばかりだろう」「わざわざ言わなくてもわかるだろう」などと言ってはいけません。「あれほど話し合ったこと」「決まったはずのこと」でも、出席人数が多ければ多いほど、時間や日数が経過するほど、議論や決定が蒸発してしまうことが少なくないのが、会議の怖いところなのです。

次回の話し合いの場で「あれ？　そうだったっけ？」などと議論が蒸し返されたりでもしたら、それこそ最悪です。「あの時間は何だったったんだよ！」「これだから会議は無駄なんだよ！」と、ネガティブ一直線です。

そうならないためにも「これで決まりました！　よろしいですね！」と声を掛けることで、満場一致の「はい！」を得ておかなければならないのです。

それでも「あれ？　そうだったっけ？」と言おうものなら「それはダメです、前回はっきり決まったことです」と躊躇《ちゅうちょ》することなくエラーメッセージを発すればいいのです。

人が集まる会議は、柔らかいからこそ、一方では機械的でドライな伝え方で導くことも大切なのです。

POINT

- 「抽出」「検討」「決定」「確認」を、一つひとつ明確に分けておこなおう
- 会議進行役は、常に「いま4ステップのどこにいるか」を頭に描いておく
- いちばん重要なのは最後の「確認」のステップ

次第には「○○について」と書いてはいけない

会議における基本ステップを押さえたところで、次は会議の準備について考えてみましょう。円滑な会議をおこなうためには、しっかりとした準備が不可欠であり、そこにも伝え方の秘訣があるのです。

まず、会議の準備といえば次第の作成です。

よく「アジェンダ」などと呼ばれたりもしますが、要は何について話し合うのかを明記した議題項目です。この伝達をしっかりとおこなうことによって、前述の４つのステップと合わせて円滑に会議を進めることができます。

ダメな次第のつくり方として、次のような例を多く見かけます。

①　全体のスケジュール感について
②　各部署からの要望のヒアリング方法について
③　新システム移行に伴う業務遂行上の注意点について
④　ネットワーク工事の日程について

このように「○○について」とだけしか書かれていない次第です。

もちろん「○○について話し合う」のは当然のことですが、極めて曖昧《あいまい》な書き方と言わざるを得ません。**これでは、仮に事前に出席者に配られたとしても、何の準備もおこなうことはできません。**

結局は、会議に出てみないと真意が掴めないので、その場でイチから考えることになって議論に多くの時間を費やしてしまうのです。

そこで「○○について」の代わりに、先ほどの4つのステップ「抽出」「検討」「決定」「確認」を当てはめるようにするのです。

さらに、その議題に該当する出席者の範囲も明記すると、具体的なイメージがついてきます。

①全体スケジュールの検討（全体）
②各部署からの要望のヒアリング方法の抽出（管理部）
③新システム移行に伴う業務遂行上の注意点の確認（営業部）
④ネットワーク工事の日程の決定（システム部）

このように表現することで自分はどの議題に関係するのか、4つのプロセスの中でどこに位置するのかが明確になります。

会議全体がこれを共有した上で進めることができますし、進行役の旗振りも俄然《がぜん》メリハリが出るようになります。

会議は始まってからの実際の議論が重要であることは言うまでもありません。

それゆえに事前の準備というと、日時と場所の伝達が中心になって、議題項目は大まかな表現に留まっていることは多いものです。

そこで、もう一歩踏み込んで少しでも具体的に伝わる工夫をすることで、一味違った段取り力を発揮することができるようになります。

今すぐには大きな会議の次第を準備する機会がないという人でも、日常業務の中での話し合いや打ち合わせから少しずつ工夫を積み重ねることで、一味違う伝え方をアピールすることができます。

たかが次第されど次第、いやむしろ次第なのです。

POINT

- 「○○について」だけでは、参加者は踏み込んだ準備ができない
- 「○○について」の代わりに、「抽出」「検討」「決定」「確認」を当てはめる
- 次第の出来が、会議のスムーズさを決める

「これについて何かありますか?」はNGワード

「うちの会議は、積極的に発言する人はいつも決まっていて、ほとんどの人は口数も少なくて、なかなか議論が盛り上がらないのですが、どうしたらいいですかね?」

これは、社内の会議についての悩みとして、非常に多く耳にする言葉です。

じつにいろいろな会社で寄せられる相談なので「うちの会議は」ではなく、「うちの会議も」が適切だと思ってしまうほど、本当に多いのです。

その一番の原因は、やはり会議に対する「とにかく長い」「時間の無駄」「つまらない」というネガティブなイメージから来る消極性にあります。

ですから、この章でご紹介する取り組みによって、効率的で有意義な会議を実現していただきたいと思い、書いています。

それ以外に、議論が盛り上がらないもう一つ大きな原因があります。

「では、この件について何かありますか？」

進行役から出席者への、この振り方です。

こんな言い方では、出席者からの発言を促すことはできません。そんなに唐突に「何か？」と言われても、聞かれた側からすると「何とも言いようがない」となってしまいます。

しかも、事前に渡された次第には「〇〇について」と大まかにしか書かれていなかったとしたら、それで何か意見を出してくれと言うほうが無理だと言わざるを得ません。

議論を促すのではなく、いきなり「賛成の人は？」「反対の人は？」と聞くほうが、まだ会議に動きが出るというものです。

それぐらい「何かありますか？」という言葉は、会議で口に出してはいけないNGワードなのです。

それでは、その代わりにどのように切り出せばいいかと言うと、自分なりの具体的な案を提示して、その可否を問うようにするのです。

たとえば、

「各部署からの要望のヒアリング方法ですが、一つの案として私は一人ひとりに書面でアンケートをおこなうのではなく、2週間以内ぐらいで部署ごとに会議を設けてもらい、実際の声を集める方法が効果的だと思います。皆さんはいかがでしょうか?」

といった具合です。すると、

「いいけど、今の時期に2週間は短すぎる」
「個々に考えるよりも大勢で出し合うほうが、頭が働くのでいいと思う」
「部署や人によっては、書面アンケートのほうが率直に書きやすい場合もあると思う」

など、賛否いろいろな意見が出やすくなります。
このように一つの案をたたき台として出すことで、そこから活発な議論を導き出すことができるようになります。

この方法について「それでは一方的な押しつけにならないか？」と心配する声もありますが、あくまでもたたき台であり、出発点としての案ですので、押しつけにはなりません。むしろ、さまざまな意見が出て、最初の案にどんどん修正が加わることを歓迎する姿勢を持たなければならないことは言うまでもありません。

しかし、もし最初の案が妥当なものであり、出席者から何も反対意見が出なければ、即座に満場一致で決まってしまうこともありえます。

振り方、すなわち伝え方をちょっと工夫するだけで議論はかなり活性化します。それによって会議へのネガティブなイメージを変えることができるだけでなく、一番の目的である有意義な結論を導き出すことにもつながるのです。ぜひ試してみてください。

POINT

- **「何とも答えようがない」という振り方はやめよう**
- **自分なりの具体案を提示しよう**
- **さまざまな案を出すように促して、議論を活性化させよう**

みんなが忘れる「なぜ?」に徹底的にこだわる

会議の中でいろいろな意見が出てくると、「なぜ?」という理由が曖昧になってくることも少なくありません。

進行役はもちろん、出席者の一人であっても話し合いを効率化するためには、会議の中にあるいくつかの「なぜ?」にこだわることが大切です。

第2章「上司への伝え方」で、ビジネスの基本である5W2Hの重要性に触れましたが、会議も例外ではありません。

・What?＝何が必要なのか? 何をやるのか?
・Who?＝誰がやるのか? 誰が責任を持つのか?

・When?＝いつやるのか？　いつまでにやるのか？
・Where?＝どこでやるのか？　どこが責任を持つのか？
・How?＝どうやってやるのか？
・How much?＝どれくらい？　いくら？

このように担当や責任の所在、期限や数量、金額などについては、出席者それぞれが最も気になるポイントであり、放っておいても自然と議論の中に盛り込まれていきます。

しかし、「Why?＝理由」だけは、注意をしていないと自然と抜け落ちてしまうことが多いのです。

まずは、一つひとつの意見に対する理由です。

「私はこう考える」「私はこっちのほうが良いと思う」という発言に「なぜ？」が抜けていることはしばしばあります。

また、発言者は何かしら理由を述べてはいるのですが、伝え方が悪いために、周囲が理解できないということも多いものです。

ですから、**進行役は「なぜそう考えるのですか？」とすかさず聞き返したり、「つまりこういうことですか？」と、わかりづらい理由を反復確認したりして、意見と理由は必ずセットにしておかなければなりません。**

もちろん出席者の一人である場合も一声掛けるようにします。

それをやらずに、ただ個人の意見を積み上げるだけでは、判断基準が不明確になって議論に収拾がつかなくなってしまいます。

その結果、発言の理由を確認するために、もう一度全員に議論を回すという事態にも陥りかねません。極めて非効率的です。

ですから、そうならないためにもお互いが「なぜ？」の番人になって、常に理由にこだわる姿勢を見せることが不可欠です。

それからもう一つ、会議全体の「なぜ？」を明確にすることも大切です。

「そもそもこの会議ってやる意味あるのって思うことがあるんですけど、そういう場合どうしたらいいですか？」

この相談も非常に多く受けます。

もはや会議での伝え方、取り組み方という問題ではなく、仕事に対する意識の問題と言わざるを得ませんが、そもそもの「なぜ？」が欠落しています。

会議はいわばプロジェクトです。

たとえどんな取り組みであっても、一つのゴールを目指していくのですが、一人では不可能なので、さまざまな知恵や技術や労力を提供してくれる協力者が必要になります。

それが、会議の出席者であり、会議を設ける理由になります。

そもそも会議をやる意味を見失っている場合は、この原点、つまり会議全体の「なぜ？」を見失っているのです。

そんなときは早急に原点に立ち返って、その会議をやる必要があるのかどうかを、再度確認しなければなりません。

定期的に会議を設けることを上司から命じられている場合も多いようですが、あらためてその上司に目指すべきゴールと必要性の確認を取って、出席者全員に伝えなければなりません。

もちろん会議をやる理由がなければ、速やかにやめるべきです。

プレゼンテーションの項目でも触れましたが、理由を明らかにすることは論理的であることの原点です。こうした会議に潜む理由にこだわることも論理的に考え、論理的に取り組む人間であることの表現につながるのです。

人が大勢集まると不思議と蒸発してしまうポイントだからこそ、なぜの番人になれば一目置かれること間違いなしです。

POINT

- **「なぜ？」はついつい、自然に抜け落ちてしまう**
- **進行役は「なぜそう思うのか？」と聞き返す意識を持とう**
- **理由を明らかにすることは、議論の原点である**

おわりに――

伝え方で、人生は大きく変わる

最後までお読みいただき、ありがとうございました。

まずは読者の皆さんに御礼申し上げます。

これから出世を目指す方、最近出世したばかりの方、あるいはすでに出世はしているが伝え方を見直したい方にもご参考いただけるよう、いま私が考えうるポイントをすべて出し切りました。

伝え方は一朝一夕に変わるものではありません。

日頃から改善と工夫を一つひとつ積み重ねることで、人の上に立つ人に相応しい伝え方、大勢の中から選ばれる人の伝え方を身につけていただきたいと思います。

それから、私のプレゼンテーション個別指導塾をご利用くださった、多くの受講者にも御礼を言いたいと思います。

昇進試験に挑戦して見事にステップアップを達成された方、プロジェクトリーダーに抜擢されて初めてのキックオフをやり遂げられた方、大型案件の営業責任者としてプレゼンで勝利を掴み取られた方、大学教授選に再トライして前年のリベンジを果たされた方、就職や転職試験に合格し新たな活躍の場を手に入れた方など、皆さんのがんばりと成功が、本書を書かせてくれたと言っても過言ではありません。

まさに人生交差点と呼べるほど、伝える力を通じてさまざまな人が新たなチャンスを掴み取るドラマを見ることができ、微力ながらそのお手伝いができたことによって、伝え方が出世の武器になることを確信しました。

「来てよかったです！」「思った以上の成果でした！」といった受講者の方々の声が、私の励みとなり、本書を通じてより多くの人とも共有したいという原動力となりました。

本当にありがとうございました。

そして、最後に皆さんに申し上げたいのは「伝え方で人生は変わる」ということです。

私は元々、人に注目されると極度に緊張するタイプであり、赤面症でもありました。学校の授業中に先生に指されて立ち上がっただけで、動悸がして声が震え、顔が熱くなったのを鮮明に記憶しています。

そんな私が、社会人になって徹底的に鍛えられたことで、伝え方を仕事にしてしまったのですから不思議なものです。

当時の同級生からは、私がプレゼンテーション専門の講師になって研修や講演で大勢の人を相手に話をしていることが、とにかく信じられないと言われます。

でも、そんな信じられない姿に変えてくれたのが、伝え方なのです。

伝えることは、スキルアップとかテクニックではなく、情報量や処理能力でもありません。

伝えることは考えること、伝えることは自分の姿勢を表すこと、そして伝えることは自分の人生を変える大事な取り組みであること、この原点を見つめることが大切です。

逆に、それさえ意識できていれば、人に物事を伝えることや人から理解を得ることは、何も難しいことではないのです。

これからも私は「人生を変える伝え方」について、一人でも多くの方へサポートを続けていきます。もしどこかで私を見かけたら気軽に声を掛けてください。

そして同時に「出世した！」「人生が変わった！」という言葉を聞けることを、楽しみにしています。

伊藤誠一郎

著者プロフィール

伊藤誠一郎（いとう・せいいちろう）

大学卒業後、15年間にわたり医療情報システム、医療コンサルティング分野において競争入札やプロジェクトマネジメントで年間100回以上のプレゼンテーションをおこなった経験を持ち、とくに競争入札では勝率8割という高い実績を誇る。

2009年よりプレゼンテーション講師として独立し、上場企業での研修や商工会議所、中小企業振興事業団でのセミナー講演をおこなう傍ら、ストーリー設計から資料や原稿の添削、本番リハーサルまでを一貫しておこなうプレゼンテーション個別指導塾を運営している。

これまでに昇進試験や企画発表を控えた会社員を中心に、学会や教授選を控えた大学教員、商談会に臨む経営者、転職希望者、AO入試を受験する高校生など年間70〜80人に対して指導、コンサルティングをおこなっている。

豊富な個別指導から多くのビジネスパーソンに共通する伝え方の弱点と改善ポイントを分析、体系化したカリキュラムは、実務におけるプレゼンテーションの改善に直結すると高い評価があり、企業研修、セミナー講演の満足度も常に95%以上と高い水準を達成している。

著書に『バスガイド流プレゼン術』（CCCメディアハウス）などがある。

出世する伝え方
—「選ばれる人」のコミュニケーションの極意

2018年6月1日　第1刷発行

著　者　　伊藤誠一郎

発行人　　櫻井秀勲
発行所　　きずな出版
東京都新宿区白銀町1-13　〒162-0816
電話03-3260-0391　振替00160-2-633551
http://www.kizuna-pub.jp/

印刷・製本　　モリモト印刷

ISBN978-4-86663-036-6

きずな出版